너무 잘하려고 하지 말자

너무 잘하려고 하지 말자

동명 스님의 선시에서 길 찾기

너무 잘하려고 하지 말자

조계종
출판사

잘하려고 하기보다 그저 즐기자

내가 생각하는 선시(禪詩)는 선승들이 쓴 시이다. 선승들이 쓴 시의 스펙트럼은 넓고 다양하여, 고정관념으로 선시를 바라보면 오히려 선시를 왜곡하는 결과를 낳을 수 있다. 출가한 이후 나의 삶의 지침은 당연히 부처님의 가르침이다. 그런데 선시를 읽으면서 선시도 나에게 부처님의 가르침 못지않게 중요한 '삶의 지침'이 되었다. 부처님의 가르침이 바른 생활[계(戒)], 고요한 생활[정(定)], 그리고 슬기로운 생활[혜(慧)]을 위한 지침이라면, 선시는 시(詩)와 미(美)와 사랑과 낭만을 위한 지침이다.

　나는 영화 〈죽은 시인의 사회(Dead Poets Society)〉에서 존 키팅(로빈 윌리엄스 분) 선생이 하신 말씀을 잊을 수 없다. "시와 미와 사랑과 낭만은 인생의 수단이 아니라 인생의 목적이다!” 시와 미와 사랑과 낭만은 인생을 아름답게 하기 위해 동원되는 수단이 아니라 시와 미와 사랑과 낭만 자체가 인생의 행복이요 성공이라는 뜻이다. 선시는 부처님의 가르침과 부합할 뿐만 아니라 시와 미와 사랑과 낭만을 때로는 시적으로, 때로는 미학적으로, 때로는 사랑을 담아, 때로는 지극히 낭만적으로 제공해준다.

참선에 몰두하다 보면 선정에 들기 위해, 화두를 타파하기 위해 어금니를 앙다물 때가 있다. 어깨에 힘이 들어가서 일부러 어깨에 힘을 빼려 해도 잘하려고 하는 의지가 내려놓으려는 의지를 압도하여 몸과 마음 어딘가에 힘이 들어가게 된다. 그럴 때 나는 선시를 읽었다. 선시는 조급한 마음에 여유를 주었고, 너무 잘하려는 마음에 느긋함을 주었고, 한시도 쉬지 않는 생각에 휴식을 주었으며, 게다가 그 어떤 풍류와 오락도 흉내 낼 수 없는 낭만을 주었다.

이번 책에서 나는 내가 읽은 선시를 다섯 가지 주제로 정리해 보았다. 1부는 시절인연을 기다려야 한다고 노래하는 선시를 모았다.

더위가 가고 추위가 오는 일 이상한 일 아니고
가을 겨울 봄 여름 오가는 일 또한 그러해라

넉넉한 봄날의 마음이면 반쯤은 평안하리니

크게 문을 열어라 무에 그리 옹색한가

선사는 추운 겨울에도 무더운 여름에도 언제나 넉넉한 봄날의 마음을 유지하자고 노래한다. 겨울이 오면 반드시 봄이 오고 여름이 오면 그 뒤에는 반드시 가을이 오게 마련이다. 그러니 옹색하게 웅크리거나 조급하게 짜증 내지 말고 마음을 크게 열어야 한다. 이렇게 선시는 아무리 어려운 시기일지라도 그것은 곧 지나가게 된다는 것을 말하고 있다.

2부는 너무 잘하려고 하지 말라고 가르치는 선시를 모았다.

염불할 땐 가장 먼저 망상을 없애고

때때로 늘이고 당김 거문고 줄 고르듯 하면

염불하는 소리마다 진여 곧장 합치되어

마침내 예와 지금 모두 잊게 되리라

- 괄허취여, 〈염불〉

염불만이 아니다. 모든 일이 그렇다. 학창 시절 나는 평소에는 열심히 공부하지 않았으면서도 시험은 잘 보고 싶어서 몹시 긴장

하곤 했는데, 긴장하다 보면 평소 실력도 발휘하지 못하는 경우
가 허다했다. 출가한 후에야, 그리고 선시들을 읽으면서 나는 너
무 잘하려고 하지 말아야겠다는 생각을 했다. 그래서 이런 시를
쓴 적이 있다.

> 너무 잘하려고 하지 말자
>
> 평소에 비해 너무 잘하면
> 일종의 사기다
>
> 너무 착한 척하지 말자
>
> 평소에 비해 너무 착하면
> 그것은 분명한 사기다
>
> 이런 것도 시(詩)가 될까?
> 너무 잘하려고 하지 말자
>
> ─〈평상심(平常心)이 도(道)다〉《녹색평론》180호, 2021년 9-10월 호)

자기 실력보다 잘하려는 마음은 탐욕이 되기 쉽고, 그것이 마

음을 분주하게 만들어서 번뇌에 휩싸이게 한다. 선사들은 한결같이 마음을 분주히 만들지 말고, 너무 잘하려고 하지 말라고 가르친다. 잘하려는 마음은 곧 결과에 집착하는 마음이다. 그래서 나는 잘하려는 마음을 접고 그저 즐기자는 마음을 연습하고 있다. 즐기겠다는 것은 결과에는 연연하지 않고 염불하고 기도하고 수행하는 것을 꾸준히 계속하겠다는 마음이다.

3부는 자신을 돌아볼 것을 강조하는 선시를 모았다.

> 남의 재물을 공으로 얻으려 하지 말라,
> 내 복이 아니면 저절로 사라지나니
> 스스로의 힘으로 가업을 성취하면,
> 끝없이 취해 써도 영영 사라지지 않으리
>
> ─ 해담치익, 〈스스로 성취하기를 꿈꾸어라〉

나는 수행자로서 살아가는 데 꼭 필요한 '힘'이 다섯 가지가 있음을 깨달았다. 다섯 가지 힘은 첫째 원력이요, 둘째 지력이며, 셋째 덕력이고, 넷째 체력이며, 다섯째 복력이다. 그중 우리를 성공하게 만드는 가장 큰 원동력이 복력임도 깨달았다. 그런데 복력은 다른 힘에 비해 빠른 시일 안에 축적하는 것이 불가능하다. 오래 닦아온 복력이 아니면 당장 쓸 수가 없어서, 조금 모자란 복력

때문에 중요한 일을 성사시키지 못하는 일이 허다하다.

복력이 부족하다면, 자신의 분수를 알고 너무 원대한 계획을 세우지 말고, 자신의 복력에 맞는 원력을 세울 일이다. 무엇보다도 중요한 것은 남의 복력을 공짜로 쓰지 않는 것이다. 남의 복력을 가져다 쓰면 그것은 사상누각(沙上樓閣)이나 다름없다. 더디더라도 스스로의 힘으로 일을 도모할 것이며, 일하는 과정에서 고달프다면 내가 지금 복을 저축하고 있다고 생각하면 맞을 것이다.

4부는 달과 산과 나무와 풀과 꽃 등 자연을 벗으로 삼는 선시를 모았다.

가을밤 돌 침상에 앉아 있는데
이슬은 차가운데 벌레 소리는 따스해라
사방은 고요하고 인적도 없을 때
빈 처마로 밝은 달빛이 들어오누나
- 백암성총, 〈가을밤 홀로 앉아서〉

가을밤에 바위 위에 앉았더니, 이슬은 차갑지만 벌레 소리는 따스하기 그지없다. 멀리서 두견새 울고, 가까이서 귀뚜라미 우는 밤, 계곡에선 물소리가 잠시도 쉬지 않는다. 가을밤이면 이렇게 바위도 이슬도 두견새도 귀뚜라미도 계곡물 소리도 모두 선사의 친구가 된다. 사방은 고요하고 사람은 아무도 없다. 그때 적막한 암자에 불청객이 찾아왔으니 바로 밝은 달빛이다.

이렇게 선사들은 홀로 있어도 심심하지 않았다. 산이 도반이었고 숲이 도반이었고 나무가 도반이었고 풀이 도반이었고 꽃이 도반이었으며, 간혹 산에 사는 산짐승도 도반이었으며, 더욱 다정하게는 어두운 밤을 살며시 밝혀주는 달빛이 도반이었다.

현대인은 이런 낭만을 즐길 여유가 없다. 컴퓨터는 끊임없이 일거리를 주고, 스마트폰은 끊임없이 즐길 거리를 준다. 심심해지고 싶어도 심심해질 겨를이 없다. 그럴수록 이 책을 통해 선시를 읽는 독자들은 산과 바다와 나무와 풀과 꽃과 바위와 계곡을 벗으로 삼아보자. 컴퓨터와 스마트폰은 잠시 쉬게 하고 자연과 함께하는 시간을 가져보자. 그러면 시와 미와 사랑과 낭만이 곧 우리 삶이 될 것이다.

5부는 그리움의 정서를 담은 선시를 모아보았다. 집착하지 않는 연습을 꾸준히 한 선사들이기에 그리움의 정서를 담은 선시는 많지 않을 것 같지만 그렇지 않다.

높은 산에 오래 박혀 살면서도
매인 생각 어찌 그리 바쁜가
강 건너 북쪽 고향은 멀기만 하고

고향을 그리워하고 도반을 그리워하고 친구를 그리워하는 선시가 꽤 많다. 선사들에게 그리움의 정서가 많은 것은 어쩌면 선사들이 대체로 인적이 드문 한적한 산사나 암자에서 기거하는 경우가 많아서인지도 모른다.

나태주 시인은 자신의 시의 원동력이 '그리움'이라고 했다. 그리움이 없다면 사람은 이미 죽은 목숨이다. 눈 감으면 우리는 지금은 볼 수 없는 부모님이 그립고, 연락을 끊은 과거의 선생님들도 그립고, 어린 시절의 친구도 그립고, 고향이 그립고, 청년 시절을 살았던 제2의 고향도 그립고, 어려운 시절을 함께 보냈던 옛날의 이웃들도 그립다. 그리움의 정서가 없다면 어찌 시가 있을 것이며 문학이 있을 것이며 예술이 있겠는가? 시를 알고 문학을 알고 예술을 알고 인생을 알았던 선사들이야말로 누구보다도 그리움의 정서를 잘 알고 그리움은 사람의 삶을 풍부하게 해주는 영약임을 알았다.

이렇게 선시들을 5부로 나누어 정리해보았는데, 그 시들의 정서가 철저하게 구분되는 것이 아님은 물론이다. 때로는 1부의 시에서 그리움의 정서가 발견되고, 5부의 시에서 자기 성찰의 모습이 발견된다. 필자가 나눈 5부의 시들은 독자들의 감상 속에서 달리 분류될 수도 있을 것이다.

아무튼 나는 선시들을 통해 시절인연을 기다리는 법을 배우고, 너무 잘하려고 집착하지 않고 즐길 수 있는 여유를 배우고, 자기 자신을 철저하게 관찰하고 반성하고 내려놓는 자세를 배우며, 달과 산과 바다와 강과 계곡과 나무와 풀과 꽃과 귀뚜라미와 새와 친구가 되는 법을 배우고, 그리운 고향과 사람을 그리워하는 법을 배우련다.

끝으로 제목에 대해 한마디 한다. 나태주 시인이 이미 "너무 잘하려고 하지 말자"와 비슷한 제목의 시집《너무 잘하려고 애쓰지 마라》(열림원, 2022)를 내셨다. 나태주 시인의 시를 읽으며 나는 시를 잘 쓰려는 욕심을 버린 현자(賢者)의 모습을 보았다. 나는 어린 시절 일자무식이었지만 수십 년 농사지은 경험을 토대로 현자가 된 늙은 농부들을 여럿 보았다. 어떤 일을 하든 중요한 것은 현자가 되는 것이다. 선배 시인으로서 이미 현자가 되신 나태주 시인에게 존경하는 마음을 전하고 싶다.

조계종출판사의 남배현 대표님, 모지희 본부장님 덕분에 책을 펴낸다. 편집자 정소연 님은 신속하면서도 정확하고 깔끔하게 책을 만들어주셨다. 이분들 외에도 이 책을 만들고 알리는 데 도움을 주신 모든 분에게 감사와 찬탄의 인사를 드린다.

이 뭣고?

마하반야바라밀!

불기 2570년(서기 2026년) 3월

비구 동명 쓰다

제4부 — 달과 산과 나무를 벗 삼아

제5부 — 그리움은 인생을 아름답게 만드는 영묘한 약

1부

겨울이 가야
봄이 온다

밤에 모르고 있다가
새벽에야 큰 눈을 보고 쓰다
夜大雪都不覺知曉起望城中有作

복암충지(宓庵冲止, 1226~1292)

밤 깊어 달이 비치는 줄만 알았지
정원에 눈이 쌓이는 줄은 몰랐네
새벽에 일어나서 성 안을 바라보니
일만 나무 매화가 하룻밤에 피었구나

但認更深月照來
不知庭院雪成堆
平明起向城中望
萬樹梅花一夜開

-《해동조계제육세원감국사가송(海東曹溪第六世圓鑑國師歌頌)》

눈은 대체로 소리 없이 내리기 때문에 밤새 쌓이는 것을 모르는 경우가 많다. 밤새 눈이 오는 줄 몰랐다가 새벽에 일어나면 깜짝 놀라게 된다. 그야말로 상전벽해(桑田碧海), 마치 혁명이 일어난 세상처럼 보이는 모든 것의 색깔이 달라져 있다. 세상의 풍경을 일시에 바꾸어놓는 것이 눈 말고 또 있을까?

가끔은 세상도 그렇게 한꺼번에 바뀌기를 바랄 때가 있다. 세상이 부조리에 가득 차 있을 때 위대한 혁명가가 등장한다. 그 혁명가가 바른 방향으로 세상을 이끌 때 세상은 한층 진보하게 된다. 가끔은 권력을 잡은 후 오히려 역사를 후퇴시키는 이도 있다.

눈은 여러 자연현상 중 위대한 혁명가에 해당한다. 눈은 하룻밤 새에 모든 풍광을 송두리째 바꿀 수 있는 특별한 능력이 있어서 보는 이로 하여금 절로 경탄을 자아내게 한다. 우리나라는 그런 설경이 있어서 얼마나 큰 축복인지! 그런 설경을 구경할 수 없는 나라에서 온 사람들은 우리나라의 설경을 보면 부러워서 흥분을 감추지 못할 정도이다.

원감충지(복암은 호이고, 원감은 시호이다) 선사에게 눈은 다음과 같은 혁명을 일으켰다.

"일만 나무 매화가 하룻밤에 피었구나."

　그야말로 나무마다 매달린 눈꽃이 선사에게는 매화였던 것이다. 하룻밤 새에 보이는 모든 나무들이 매화를 만개했으니, 혁명도 이만저만한 혁명이 아니다.

　겨울에 눈이 오면 제설작업할 걱정부터 하지 말고, 자연의 아름다움에 감탄부터 하는 것이 어떨까?

눈 내린 뒤

雪後

월하계오(月荷戒悟, 1773~1849)

쌓였던 눈 위로 새 눈이 쌓여

앞산도 뒷산도 그게 그 모습

음도 양도 동일한 하나의 몸인데

만물과 나의 얼굴을 누가 구분하랴

처마가 넉넉해 날아가던 새들 의탁하고

미리 해둔 땔감 덕에 먹고 자기 편안해라

발우도 주머니도 비록 넉넉하진 않지만

간난을 면하기엔 이만하면 충분하지

舊雪仍新雪

前山如後山

陰陽同一體

物我孰分顔

籩裕飛禽托

樵先宿食安

鉢囊雖不厚

足且免艱難

-《가산고(伽山藁)》

새벽기도를 마친 후 눈을 치웠는데, 치운 눈 위로 계속해서 눈이 쌓이고 있다. 사찰 진입로는 빗자루로 쓴 뒤에 차바퀴가 지날 만한 부분에 염화칼슘을 뿌렸는데, 함박눈이 내려서 소용없을 듯싶기도 하지만, 그래도 조금이나마 덜 미끄러우리라 기대한다.

눈은 순식간에 세상을 하나로 만들어버리는 특별한 재주가 있다. 눈만큼 일시에 세상의 색깔을 하나로 만드는 것이 또 어디 있는가? "쌓였던 눈 위로 새 눈이 쌓여" 세상은 온통 하얀색이고, 앞산도 뒷산도 그게 그 모습이고, 음과 양도 하나이며, 세상 만물과 나도 하나가 되었다.

요즘에는 차가 미끄러질까 염려하여 부지런히 눈을 치우지만, 옛날 선승들은 만고에 태평했던 것 같다.

처마가 넉넉해 날아가던 새들 의탁하고
미리 해둔 땔감 덕에 먹고 자기 편안해라
발우도 주머니도 비록 넉넉하진 않지만
간난을 면하기엔 이만하면 충분하지

떡을 찌기 위해 넉넉하게 쌓아둔 쌀가루처럼 푸짐하게 느껴지는 눈을 바라보며, 우리 마음도 살찌워보자. 눈으로 인해 이런저런 걱정이 생길 수도 있지만, 산사에서는 그런 걱정은 조금 천천히 해결해도 된다. 넉넉하게 내리는 눈처럼, 오늘도 넉넉한 하루를 만들어가자.

남도 없이

也無生

나옹혜근(懶翁惠勤, 1320~1376)

가여워라 아득하고 끝없는 정(情)이여

대지에 봄이 와서 만물을 소생시키지만

항아리에 가득해도 봄은 본래 무생(無生)이라네

可憐悠悠無限情

大地春分生萬物

一壺春意本無生

－《보제존자삼종가(普濟尊者三種歌)》

선사가 보기에 정(情) 때문에 힘겨운 세상이 한없이 가엾기만 하다. 정이란 무엇일까? 산스크리트어 사트바(sattva)를 구마라집 스님은 중생(衆生)이라 번역했고, 현장 스님은 유정(有情)이라 번역했다. 중생은 곧 정에 매여 있는 존재이다. 정은 애착이다. 중생이란 곧 애착에 얽매여 있는 존재인 것이다.

대지에 봄이 와서 만물을 소생시키지만, 흙을 담은 항아리에 풀싹이 가득 돋아났다 해도, 그것은 인연으로 말미암은 일시적인 현상일 뿐, 본질은 무생(無生) 그대로이다. 나지도 멸하지도 않으며, 더럽지도 깨끗하지도 않고, 늘지도 줄지도 않는 본질인 무생(無生) 그대로이다.

열심히 정진하여 마음에 먼지며 티끌이 앉지 못하게 하겠다는 제자에게 선사는 말한다. "본래 한 물건도 없거늘 어디에 먼지며 티끌이 앉겠는가? 다만 물들지만 말아라!"

제자가 묻는다. "본래 한 물건도 없거늘 어디에 물이 든단 말입니까?"

입춘

立春

청허휴정(淸虛休靜, 1520~1604)

내 나이 벌써 서른이 넘었으니
잘못을 알았으면 본분으로 돌아가야지
한 몸에 이로움과 해로움을 겸했으니
무슨 좋은 계책이 달리 있겠는가
구름 낀 산이 돌아갈 길이건만
풍진을 아직도 벗어나지 못하였네
아련히 바야흐로 꿈속에 드는데
종소리와 북소리가 새봄을 알려주누나

臘已過三十
知非返本眞
一身兼利害
千計孰疎親

雲岳猶歸路

風塵未脫人

悠悠方入夢

鍾鼓報新春

－《청허당집(淸虛堂集)》에서

84세를 사신 서산 대사가 갓 서른 넘어서 쓴 시다.

서산 대사는 1549년(명종 4년) 승과(僧科)에 장원 급제하였고, 대선(大選)을 거쳐 선교양종판사(禪敎兩宗判事)가 되었다. 그러나 1556년 선교양종판사직이 스님의 본분이 아니라 생각하고, 사직하고자 하는데, 사직하고자 하는 마음을 담은 시가 이 시이다.

대사는 구름 낀 산이 자기가 돌아갈 길이라고 생각하고 금강산·두류산·태백산·오대산·묘향산 등을 두루 만행하였다. 서산 대사 같은 큰스님도 풍진을 쉽게 벗어나기 힘들었을까? 하기야 쉽게 벗어날 수 있었다면 '큰스님'이 따로 있겠는가?

아직 벗어나지 못했다고 자각하고 있다면, 그다음은 시간문제이다. 바야흐로 꿈속에 들어가고 있다면, 그날 밤을 대사가 꼬박 샌 것일까? 종소리와 북소리가 새봄을 알려오고 있다. 시는 새봄[新春]이라고 말하고 있지만, 나는 새벽이라고 생각한다. 종소리와 북소리가 새벽을 열고 있다.

입춘에 읊다

立春吟

의룡체훈(義龍體訓, 1822년경~1895년경)

지팡이 짚고 누대에 홀로 앉아 생각노니

인정과 세태는 암담하기 그지없구나

눈 속의 찬 매화는 뒤뜰에서 다투어 피고 있을 때

빗속의 여린 버들은 앞 모래섬에서 은근히 돋네

저녁나절 비둘기가 키 큰 나무에서 울어대고

낮게 나는 새는 짧은 처마를 지나가네

새해 들어 다행히 봄날이 가까이 오고 나서야

이 몸에 시름이 사라진 줄 겨우 알았다네

杖屨無端獨坐樓

人情世態暗悠悠

雪裏寒梅爭後圃

雨中弱柳吐前洲

晚出鳩鳴高樹上

低飛鳥過短籬頭

新年幸得兼春日

始覺此身頓遣愁

－《의룡집(義龍集)》

예나 지금이나 세상을 바라보면 그리 밝아 보이지 않았나 보다. 옛날에 높은 전망대에 오르면 세상이 어떻게 보였을까? 오늘날 123층 빌딩 전망대에서 보는 풍경과는 사뭇 달랐으리라.

북한산 대남문 누각에 올라 세상을 바라보자. 서울시는 그야말로 휘황찬란한 빌딩의 숲이요, 아파트의 대행진이다. 그럼에도 저 많은 집들의 창문에서 왠지 탄식과 신음이 들리는 듯하다.

누대에 오르면 인정과 세태만 보이는 것이 아니다. 눈이 하얗게 쌓인 가운데서도 매화가 천연덕스럽게 피는 모습을 보면, 아무리 어려운 상황에서도 빛이 있음을 느낀다. 봄을 재촉하는 비라도 내리면 빗속에서 여린 버들이 나올지 말지 망설이는 모습이 보인다. 아, 벌써부터 목련꽃 망울이 몸서리치는 것이 보인다.

한때 불광사 남쪽 일주문 지붕에 비둘기가 살고 있었다. 희한하게 이 아이들은 울지도 않았다. 지붕 위에 똥을 쌓아서 탑을 만들고 있어서 쫓아내고 싶었지만, 꼼짝도 하지 않고 서 있는 모습이 마치 선정에 든 수행자 같아서 그만 내버려두고 말았다. 그러나 단청불사 후에 철로 만든 가시를 용마루 위에 심어놓자 비둘기는 할 수 없이 이사를 떠났다.

문득 봄기운이 땅속뿐만이 아니라 나무들 한 그루 한 그루, 꽃눈 하나하나, 잎눈 하나하나에 맺혀 있다는 것을 느낀다. 그 기운을 느끼며 눈을 감고 귀를 닫으면, 내 몸속에서 시름이 빠져나가 아지랑이가 되어가는 것이 어렴풋이 보인다. 점차 뚜렷해지다가 다시 아련해진다.

입춘

立春

백암성총(栢庵性聰, 1631~1700)

선방에 홀로 앉았더니 티끌 한 점 없이 맑아져
마음 비우고 가다듬으니 온갖 생각 사라지네
섣달이 다 가도 봄이 오는 것 도무지 모르겠는데
고개의 매화나무 한 가지가 먼저 꽃을 피웠구나

禪房獨坐淨無埃
方寸虛凝萬慮灰
春到臘殘渾不識
嶺梅先洩一枝來

－《백암집(栢庵集)》

입춘 무렵 선사가 홀로 선방에 앉았더니, 온 세상이 티끌 한 점 없이 맑다. 마음 비운 채로 집중하니 만 가지 생각이 재가 되었다. 이렇게 1행과 2행은 좌선하는 선사의 맑은 마음을 읊었다.

이렇게 집중이 잘되면 봄이 오든 말든 관심이 없을 것도 같은데, 선사는 낭만주의자인 듯 봄을 목 놓아 기다리고 있다. 선사는 입춘이 다 왔건만 꺾일 줄 모르는 한파는 봄이 아직 멀었다고 주장한다. 그때였다. 고갯마루 양지 바른 곳의 매화나무 한 가지가 "여기에 봄이 있소이다" 하면서 꽃 한 송이로 봄소식을 전하는 것이었다.

왜 한없이 맑은 마음과 함께 입춘 무렵에 핀 꽃 한 송이를 노래했을까?

입춘은 사람들에게 한 손에는 한파 한 꾸러미를 들고 아직은 봄이라고 주장하면서 다른 한 손에는 매화 한 송이를 들고 질문한다.

"이것은 무엇입니까[是甚麼]?"

선사에게는 이 아이러니가 화두이다.

이 뭣고?

동화사에서 묵은해 보내고 새해 맞으며

桐華寺新舊年作

나옹혜근(懶翁惠勤, 1320~1376)

봄이 오면 따뜻해지고

여름이면 더워지며

가을이 되면 싸늘해지고

겨울이면 추워라

더위가 가고 추위가 오는 일 이상한 일 아니고

가을 겨울 봄 여름 오가는 일 또한 그러해라

넉넉한 봄날의 마음이면 반쯤은 평안하리니

크게 문을 열어라 무에 그리 옹색한가

春來之暄兮

夏之熱

秋到之冷兮

冬之寒

暑往寒來非有異

秋冬春夏亦如是

悠悠春意一半平

大施門開何擁塞

- 《보제존자삼종가(普濟尊者三種歌)》

진리란 의외로 단순한 것일 수 있다. 이를테면, 봄이 오면 따뜻해졌다가 여름이면 더워지고, 가을이 되면 싸늘해졌다가 겨울에는 꽁꽁 얼어붙는다는 변화의 흐름 자체가 진리이다. 봄과 여름, 가을과 겨울, 어디에도 좋음과 나쁨이 따로 있지 않고, 봄은 봄대로, 여름은 여름대로, 가을은 가을대로, 겨울은 겨울대로 의미가 있다는 것, 그런 것이 바로 진리라는 것이다.

봄이 오면 얼어붙었던 산천이 녹아서 세상이 한결 부드러워진다. 겨울을 견딘 꽃눈과 잎눈이 긴장했던 자세를 풀고 마음을 열면 꽃눈은 꽃이 되고 잎눈은 이파리가 된다. 농부들은 겨우내 얼어붙었다가 녹아서 한껏 부드러워진 땅을 갈아서 씨앗을 뿌린다.

씨앗은 싹을 틔우기 위해 적당한 수분을 모으고, 뿌리를 내릴 흙을 최대한 부드럽게 만들기 위해 작은 알 속에 뭉쳐두었던 에너지를 내보내고, 맑은 공기를 열심히 끌어모으며, 따뜻한 기운을 얻기 위해 햇살도 차곡차곡 모은다. 조건이 무르익으면 씨앗은 작은 눈을 밖으로 힘차게 내민다. 한 씨앗의 껍질이 찢어지면서 작은 눈이 불쑥 튀어나오면, 여기저기 다른 씨앗들에서도 작은 눈들이 불쑥불쑥 튀어나온다.

여름 들판에서는 앙증맞았던 싹들이 무성하게 자라나 푸른 물결을 이룬다. 바닥에는 농부가 끌어온 물이 흥건하다. 물 속에는 우렁이가 보이지 않을 정도로 천천히 움직이고 있고, 미꾸라지가 흙탕물을 만들고 있다. 개구리들이 합창단을 만들었는지 화음을 맞추어 일제히 노래한다. 벼들은 하늘로 올라가면 무엇이 있기라도 한 것처럼 경쟁하듯 하늘을 향해 올라가지만, 그들이 올라갈 수 있는 하늘이란 애초에 없다. 그렇게 하늘로만 오르던 벼들이 열매가 굵어지면서 어느 순간 고개를 숙이면, 가을이다.

들판의 색깔은 초록색에서 황금색으로 바뀌어가고, 바닥에 흥건하던 물도 사라지고, 우렁이들도 어디론가 이주했다. 어느새 메뚜기와 잠자리와 참새들이 들녘의 주인이 되어 있다. 개구리 대신 참새들이 합창단을 만들었는지, 완연하게 새로운 화음이다. 온 들녘이 황금색일 때 농부가 트랙터를 몰고 와서 추수를 하면, 가을 산도 색깔을 바꾸어 울긋불긋 색동옷으로 갈아입는다.

벼 그루터기만 남은 겨울 들녘에는 희망에 부풀어 싹을 틔우던 씨앗의 열정도, 무성하게 자라오르던 푸르른 생명력도, 황금빛으로 장엄했던 결실도 사라지고 없다. 그러나 겨울 늘녘이라고 아무 일도 하지 않는 것은 아니다. 겨울 들녘은 꽁꽁 얼어붙었다가 살짝 녹기를 반복하면서 명상하다가, 명상을 마치면 냉수마찰을 한다. 그렇게 자신을 단련하다 보면, 봄이 왔을 때 얼른 기지개를 켜고 일어설 수 있게 되는 것이다.

선사는 "더위가 가고 추위가 오는 일", 사계절이 오가는 것은 이상한 일이 아니라고 노래한다. 지극히 자연스러운 일이 진리라고 노래한다.

부처님의 깨달음이 왜 아누다라삼먁삼보리[阿耨多羅三藐三菩提]인가? 안웃따라(anuttarā)는 '위가 없는 최상의 것'을 뜻하며, 삼먁삼보디(samyak-saṃbodhi)는 '바르고 평등한 깨달음'을 말한다. 최상이라는 것은 어떤 것과도 비교할 수 없다는 뜻이며, 바르고 평등하다는 것은 부처님의 깨달음이 특별한 발명품이라기보다는 자연의 순리에 다름 아니어서 높고 낮음을 논할 필요가 없음을 말한다.

이렇게 1년이 다 가고 있다. 새해가 되어 새 달력을 준비하다 보면 1년이라는 시간이 마치 어떤 실체인 것처럼 느껴지기도 하지만, 1년은 실체가 아니다. 그저 시간의 흐름일 뿐, 그 흐름의 법칙을 인간이 잘 파악하여 일정한 단위를 만든 것일 뿐, 다시 말해 1년은 1년이란 이름일 뿐 1년이 아니다.

그래서 나옹 선사는 위 시 앞에 "지난해가 간 것도 아니고[舊歲不去], 새해가 온 것도 아니다[新年不來]. 새해가 왔다고 한들[新年之以來兮] 찾아봐도 형체가 없고[覓之無體], 지난해가 갔다고 한들[舊歲之以去兮] 찾아봐도 자취가 없다[尋之沒蹤]. 어찌자고 공에 갇히며[何關於空] 어찌하여 유에 붙들리는가[豈攝於有]? 음과 양이 서로 마주하고[乃陰陽之相對] 해와 달이 서로 따른다[亦日月之相隨]"라고 적어두었다. 이 부분 또한 시의 일부라고 할 수 있으나, 그냥 오늘날의 용어로 '시작노트'라고 생각해도 무방하다.

《금강경》에서 부처님께서는 모든 중생의 마음을 다 알고 계신다고 말씀하신다. 중생의 마음이란 '마음이라는 실체'라기보다는 '마음의 흐름'이요, 그러기에 누구든 과거의 마음도 얻을 수 없고 미래의 마음도 얻을 수 없으며 현재의 마음도 얻을 수 없지만, 부처님께서는 그 흐름을 알고 계시기에 중생의 마음을 다 알고 계신다고 말씀하신 것이다.

그 흐름 속에서, 몹시 추운 계절을 그 흐름에 따라 연말연시로 규정한 것일 뿐이어서 연말연시는 연말연시가 아니라 연말연시라는 이름일 뿐이지만, 봄날의 넉넉한 품성으로 마음을 활짝 열어젖히고 '연말연시의 들녘'에 단단한 '희망의 씨앗'을 심어본다.

새해

新歲

무경자수(無竟子秀, 1664~1737)

어제는 묵은해 오늘은 새해, 새것과 옛것이 바뀌었을까?

원래 변하지 않는 본디 타고난 얼굴인 것을

죽마를 타고 솜씨 겨루며 아이들은 장난을 치고

취해서 부르는 고향 노래에 늙으신 부모님 즐거워라

땅은 하는 일 없어도 만물을 이루어주고

하늘은 말을 하지 않아도 사시를 순환케 하며

납승의 숲속에서는 벌써 봄맛이 다분하지

누가 알까 하나하나가 스스로 편안한다는 것을

昨舊今新新舊換

元來不變本生顏

爭騎竹馬兒童戲

醉唱鄉歌父老歡

地無爲能令物遂

天何言足使時環

衲僧林下多春味

箇箇誰知所自安

－《무경실중어록(無竟室中語錄)》

새해니 헌 해니 하지만, 세월에는 새것과 헌것 따로 없다. 우리 인간이 한 달이니, 한 해니 하는 것을 만들어 효율적인 삶을 도모한 것일 뿐이다.

세상일이란 그저 아이들이 대나무 말을 타고 솜씨를 겨루는 것과 한가지이며, 고향도 따로 없지만 고향 노래에 울기도 웃기도 하는 한바탕 놀이일 뿐이라고 선사는 노래한다.

땅이 하는 일 없는 듯해도 만물이 땅 위에서 이루어지고, 하늘이 아무 말 하지 않지만 사시를 순환케 하듯이, 자연의 법칙에 순응하면 되는 것을, 우리는 어쩌면 어깨에 잔뜩 힘을 주고 살고 있는지도 모른다.

한겨울은 한겨울이란 이름일 뿐 한겨울이 아니다. 그것을 아는 선사는 혹한기에 이미 따뜻한 봄기운을, 나아가 여름의 뜨거운 기운을 느낀다. 선사는 자연의 법칙에 순응하는 마음으로 헌 해를 보내고 새해를 맞이한다면, 만사가 모두 편안할 것이라고 충고한다. 그러나 인간의 입장에서 항상 편안할 수는 없다. 우리가 병과 죽음을 괴로운 것이라 여기는 한, 인간에게는 병과 죽음이 없을 수 없기에 편안할 수는 없다.

그렇다면, 병과 죽음을 괴로운 것이라 여기지 말아야 한다는 것인데, 그럴 수 있는가?

요즘 불광사 불광교육원에서는 인문공경연구소(소장 김희종)의

'웰다잉' 교육을 진행하고 있다. 웰다잉 교육을 받고 있는 이들은 웰다잉이란 잘 죽는 것이 아니라 '잘 사는 것(웰빙)을 완성하는 것'임을 깨닫는다. 웰다잉이 되지 않으면, 웰빙도 완성될 수 없다. 웰다잉은 근본적인 웰빙이다.

정월 대보름 밤에 달을 보며

上元夜觀月

함홍치능(涵弘致能, 1805~1878)

오늘 밤 달님이 가장 둥글고 밝으니
만 리의 얼음 바퀴 온 세상이 청정하네
목 빼고 기다렸다 맞이해 두 손 모아 절 올리고
깊이깊이 마음으로 축원하네 소리 없이 은밀하게

今宵桂魄最圓明
萬里冰輪世界淸
翹首迎來叉拜立
深深心祝密無聲

-《함홍당집(涵弘堂集)》

축원카드를 읽을 때마다 마음이 짠해진다. 이 집에는 아픈 사람이 있구나, 이 집은 송사가 걸려 있구나, 이 아이는 시험을 앞두고 몹시 긴장하고 있구나, 이 사람은 인간관계로 고통받고 있구나, 이 청년은 군대에서 상급자에게 괴롭힘을 당하고 있구나……. 사연을 읽으면서 이 사람들이 얼마나 아프고 괴로울지 생각하면 눈물이 난다. 부디 이들이 평안하기를, 부디 이들이 원만하기를, 부디 이들이 청정하기를, 부디 이들이 밝아지기를……. 기도하면서 마음은 간절하다 못해 처절해진다.

선사는 보름달이 떠오르기를 목을 빼고 기다리고 있다. 도대체 무엇을 위해 선사는 보름달을 기다리는 것일까? 선사가 묘사하고 서술하는 달님의 특징은 원만함(둥긂), 환함(밝음), 청정함(맑음) 등이다. 달님이 동산으로부터 솟아오르자 선사는 두 손 모아 절을 올린다. 그리고 깊이깊이 마음으로 축원한다.

"부디 이들이 평안하기를, 부디 이들이 원만하기를, 부디 이들이 청정하기를, 부디 이들이 밝아지기를……."

죽서루

竹西樓

괄허취여(括虛取如, 1720~1789)

지친 길손 죽서루 오르는 날은

이월이라 봄바람 살랑이누나

긴 들판에 봄비 지나간 뒤에

먼 나루 돛단배 떠나려 하네

어둑한 골짜기엔 신령한 용 비늘 숨고

기기묘묘 바위엔 채색 봉황 깃 깃든 듯

무릉도원 사람들 자랑을 마오

기쁨 넘친 이곳이 신선 사는 곳

倦客登臨日

東風二月餘

長郊經雨後

遠浦掛帆初

洞黑神鱗伏

巖奇彩羽棲

桃源人莫詫

歡樂是仙居

−《괄허집(括虛集)》

음력 2월이면 양력으로는 대체로 3월이다. 봄비 지나간 뒤에 봄바람 살랑이는 날 괄허취여 선사는 삼척 죽서루에 오른다. 먼 나루에서는 돛단배가 막 떠나려 한다. 그 장면이 삼삼하다. 오늘날에는 돛단배는 없다. 통통배가 떠나려 하는 장면을 볼 수는 있겠다.

참 신령하다. 어둑한 골짜기엔 용의 비늘이 숨어 있는 것 같고, 기기묘묘한 바위엔 봉황의 깃이 깃든 듯하다. 선사는 무릉도원 사람들에게 자신 있게 외친다. 바로 여기가 무릉도원이라고.

괄허취여 선사는 수많은 명승지를 노래했다. 울진 월송정, 울진 망양정, 양양 낙산사, 낙산사 관음굴, 고성 삼일포, 단양 만포, 향산동 심진각, 안주 법흥사, 장흥 보림사, 장수산 백운사, 개화사, 가야산 홍류동, 황악루, 금강산 유점사, 청량산, 속리산, 남해 금산, 대둔사, 낙동강, 운봉사 산영루, 칠불암, 관악산 영주대(아마 오늘날의 연주대인 것 같다), 구월산 월출암, 부벽루, 안주 백상루, 묘향산 상원암, 석왕사 비룡루 등 모두 찾아가보고 싶다. 그런데 북한 땅에 있는 명승지는 가볼 수 있을지 모르겠다.

강원도 영월에 가끔 갈 일이 있었는데, 무릉도원면이라는 지명이 눈에 띄었다. 그곳에서 살아보지 않아서 어떤 곳인지 정확하게 알지는 못하지만, 지나가면서 봐도 무릉도원으로 보였다. 앞에는 주천강이 유유히 흐르고 뒤에는 기상 높은 사자산과 백덕산이 있고, 양지 바른 마을에는 온갖 과일나무가 사이 좋게 어우러져 있었다.

무릉도원이라는 지명이 또 어디에 있는지 찾아보니 동해시에는 무릉계곡이 있고, 괴산군 청천면에는 무릉리와 도원리가 있고, 북한에도 강원도 이천군 무릉리가 있고, 함북 화대군에는 도원리가 있다고 한다.

언젠가는 무릉도원은 물론이고 무릉리도 도원리도 가보리라.

봄날 산에서 노닐다

春日遊山

진각혜심(眞覺慧諶, 1178~1234)

정말 따뜻하고 아름다운 봄날이라
산을 노니니 마음도 절로 여유롭네
양지바른 언덕에서 나물을 캐다가
응달진 계곡에서 샘물을 길었지
바위에 맺힌 물방울 서늘히 날리고
개울가 붉은 꽃은 냇물에 잠겼네
상쾌하여 소리 높여 노래 부르니
깊고 외진 곳 산보함이 즐겁구나

春日正暄姸
出遊心自適
陽崖採蕨薇
陰谷尋泉石

巖溜冷飛淸

溪花紅蘸碧

高吟快活歌

散步愛幽僻

–《무의자시집(無衣子詩集)》

우리가 대범해질 수 없는 이유는 자신이 없기 때문일 것이다. 우리는 본래 모습 자체로 위대한데, 늘 뭔가 다른 것을 꿈꾼다. "있다, 없다를 박차야만 진짜가 드러나는[有無坐斷露眞常]" 법인데, '있다' '없다'에 집착할 뿐만 아니라 이론적으로 알지라도 이 가르침이 체화되지 않은 것이다. 혜심 스님은 "제아무리 잘 다듬고 치장해본들/ 천진스러운 본래 모습만 못하다[東塗西抹任千般 爭似天眞本來樣]"라고 말씀하신다.

아시다시피 진각혜심 스님은 수선사의 2대 사주로 대찰의 주지스님을 오래 지내신 분이다. 큰 사찰의 주지스님이라면 시봉하는 이도 있고, 또 업무도 많아 한가롭게 지내기도 힘들고, 소박하게 살기도 힘들 수 있다. 그런데 혜심 스님의 시를 읽으면 지극히 소박한 선승의 면모가 느껴진다.

선승은 따뜻한 봄날 양지바른 언덕에서 나물을 캐고 있다. 참으로 소박한 모습이다. 나물을 캐다가 샘물을 길었다. 개울가에 핀 붉은 꽃이 냇물에 비치는 아름다운 모습을 보면서 흥에 겨워 소리 높여 노래를 부른다. 지극히 자유롭고도 단순한 선승의 삶이다. 어쩌면 오늘날에도 이런 단순한 삶을 위해 많은 이들이 출가하는지도 모른다. 그러나 막상 출가하고 보면 속세 못지않은 번거로운 일들이 있게 마련이다. 승가도 사람 사는 세상이기 때문이다. 그래서 혜심 스님은 깊고 외진 곳을 포행하는 것을 즐겼는지도 모르겠다. 이런 모습을 보여주는 시는 매우 많다. 바람 맑은 깊은 골짜기에서 마음대로 놀기도 하고(〈냉취대(冷翠臺)〉), 작은 못을 넉넉한 마음으로 조용히 바라보기도 하고(〈작은 못[小池]〉), 들을수록 새로운 꾀꼬리 소리에 취하기도 한다(〈저물녘 비 개자[晚晴]〉).

이런 시들을 읽으며 나도 단순하고도 소박한, 그럼에도 아니 그러기에 대범한 선승들의 삶을 배워볼까 한다. 나에게 현실은 단순하게 살기에는 해야 할 일들이 제법 많지만, 나는 기쁘게 받아들이고 있다. 세상에서 또는 승가에서 나를 필요로 한다는 것은 참으로 고마운 일이기 때문이다.

아무리 바빠도 마음만은 한가해지려 노력하지만, 마음은 몸이라는 놈에게 구속되기 일쑤이다. 그럼 몸이라는 놈은 자유로운가? 그놈도 마음이라는 놈에게 구속되기 일쑤이다. 어쩌면 깨달음은 지극히 단순해지는 것일지 모른다. 눈뜬 이란, 깨달은 이란, 도인(道人)이란 아무리 복잡한 일도 단순하게 만들 수 있는 이가 아닐는지? 그런 의미에서 나는 늘 진각혜심 스님의 단순하고 소박한 자세를 실천하려 노력한다.

삼월

三月

연담유일(蓮潭有一, 1720~1799)

삼월 동풍 봄바람에 비가 내리니

앞 시내에 물이 한결 깊어지겠네

풀 돋아나면 세간의 생각이 번거로워지고

꽃 지고 나면 참선하는 마음 고요해지네

제비는 지난해 쓰던 보금자리를 고치고

꾀꼬리 노래는 작년보다 어여쁘구나

눈에 들어오는 봄빛이 하도 좋아서

강의 끝난 후 시 한 수 소리 높여 읊어본다

三月東風雨

前溪水政深

草生繁世念

花落靜禪心

燕補經年壘
鶯添往歲音
眼看春色好
講後一高吟W

- 《연담대사임하록(蓮潭大師林下錄)》

음력 삼월, 양력으로는 꽃 피는 사월에 연담유일 선사가 기거하는 암자에 봄비가 내렸다. 앞 시내의 물은 조금 더 깊어질 것이고, 물이 깊어진 만큼 마음도 깊어지기를 바라면서 선사는 봄비를 바라본다.

봄비가 내리고 나면 우리는 겨우내 침묵하고 있던 이파리들이 순간적으로 돋아나 푸르러져 있는 것을 발견한다. 실제로는 이파리들은 순간적으로 돋아난 것이 아니라, 바깥 날씨를 알아차리고 세상에 나갈 날을 손꼽아 기다리고 또 기다리다가 조금씩 아주 조금씩 아이가 더디게 더디게 걸음마를 배워나가듯이 세상을 향해 촉수를 내민 것이다.

그러나 막상 풀이 돋아나면 생각은 번거로워진다. 농사도 지어야 하고 잡초도 뽑아야 하고 들풀과 들꽃도 감상해야 하고 천렵도 해야 한다. 차라리 꽃이 져버리면 참선하는 마음이 산란하지 않다.

요즘에는 제비가 우리나라를 찾지 않지만 옛날에는 봄이 오면 어김없이 제비가 찾아와 논둑에서 흙을 물어다 처마 밑에 집을 지었다. 가만히 보니 제비는 작년에 거주했던 집을 보수하는 것이었다.

작년의 그 제비인지는 잘 모르겠지만, 제비들이 열심히 살아가는 모습에 선사는 한없이 흐뭇하기만 하다. 선사가 듣기에 꾀꼬리 소리도 올해 더 어여뻐졌다. 꾀꼬리 소리가 들려왔다면 이미 비가 그친 것이다.

이런 아름다운 풍광을 보고 어찌 시 한 수가 없겠는가? 내 안에서 시가 나오지 않으면 남의 시라도 빌릴밖에. 시가 나오지 않았다 해도 우리 마음속에는 이미 시가 꽃피었다.

봄날 벗에게 보내다

春日寄友

백곡처능(白谷處能, 1617~1680)

대나무 난간에 바람이 산들 부니 제비가 높이 날고
너무 깊숙한 곳이어서 한낮에도 사립문 닫아거네
수천 망상은 삼매(三昧)에 의지해서 버리고
수만 봉우리를 단지 지팡이 하나로 돌아오누나
헛된 명성은 물과 같으니 어디 머물 데 있으리오
방랑의 발걸음도 구름 같아 그저 잠시 의지할 뿐,
밤중에 산비가 흠뻑 내려 꽃이 다 져버렸으니,
봄을 보내는 아름다운 시구절이나 한번 지어보세나

竹欄風細鷰高飛
院落深深晝掩扉
千慮只憑三昧遣
萬峯都把一筇歸

浮名似水那堪駐

浪跡如雲是蹔依

山雨夜來花事盡

餞春佳句莫令稀

－《대각등계집(大覺登階集)》

기다리고 기다리던 봄이 햇살로 지은 도포자락 입고 꽃들을 데불고 나타났는가 싶더니 어느새 이별이다. 사랑하는 이와의 만남은 아무리 길어도 짧고, 만남이 있으면 반드시 이별이 있음을 알고도 헤어짐은 쓰라린 법, 이 시를 읽으며 사랑하는 봄을 아름답게 보내는 법을 생각해본다.

이 시는 봄의 막바지에 친구에게 보내는 편지의 한 부분이거나, 벗에게 전하고 싶은 마음을 노래한 것이다. 선사는 벗이 앞에 있지 않지만, 마치 먼 곳에서 벗이 보고 있기나 한 것처럼 말한다. 조선시대에 화상통화나 화상회의가 있었던 것도 아닌데, 선사는 자신이 만나는 풍경을 카메라로 찍듯이 세세하게 전해준다.

오늘날의 우리에게는 대나무 난간이 생소하지만, 옛날에는 계단이나 낭떠러지 옆에 안전하게 대나무 난간을 설치한 경우가 많았다. 난간은 제비가 앉았다 가기에 딱 좋지만, 새들은 위험한 것에 아주 민감하여 바람이 조금만 불어도 훌쩍 날아오른다. 바람이 불자 제비는 혹시나 다가올지 모르는 위험을 한 박자 먼저 피해 얼른 날개를 퍼덕여 날아오른다.

너무 깊은 산골이어서 어차피 올 사람도 없는데, 아침 일찍 열어두었던 사립문을 한낮에 닫는다. 이제 무엇을 할 것인가? 깊은 산골에서 홀로 할 것이 무에 있겠는가? 물론 마당에 풀도 메고, 작은 텃밭도 가꾸고, 경전도 읽고, 글도 쓰고 하면서 소일할 거리야 무궁무진할 수도 있지만, 선사는 그저 떠나는 봄을 아름답게 보내는 법을 생각하고 있다.

첫째, 선사는 수천 망상을 삼매에 의지해서 버린다. 삼매에 들기 위해 좌선하면서 오직 화두에만 집중한다. "봄은 왜 왔다가 떠나는 것일까?" "봄은 어디로 가는 것일까?" "이 뭐꼬?" 화두에 집중하니 몸속으로 들어오는 삼매가 떨어지는 꽃잎처럼 환한 빛이다.

둘째, 수만 봉우리를 단지 지팡이 하나로 유람한다. 평생 수만 봉우리를 유람했다는 뜻이겠지만, 한편으로는 매일 봉우리를 오직 지팡이 하나 짚고 오르락내리락, 그것이 선사의 유일한 나들이일 수도 있다. '지팡이 하나'로 돌아왔다는 것이 중요하다. 유람을 통해 뭔가를 얻겠다는 것이 아니라 지팡이 하나 들고 마음 챙기며 걸을 뿐인 것이다. 그렇게 봉우리를 오르락내리락하다 보면 봄이란 놈이 결코 가만히 있는 것이 아님을 알 수 있고, 봄과 이별하는 날도 가장 먼저 감지하게 된다.

셋째, 헛된 명성 따위는 물과 같아서 결코 머물지 않음을 되새긴다. 물욕이나 권력욕, 색욕, 수면욕까지 버리고도 출가자로서 쉽게 버리지 못하는 것이 명예욕일 수 있다. 그러나 명성을 좇는 것이야말로 더욱 어리석은 일, 명성은 그야말로 물과 같아서 절대로 머물러 있지 않다. 어쩌면 이 시로 대화를 나눌 친구가 명예를 좇고 있는지도 모르겠다. 그래서 시를 통해 명성에 의지하는 것이 헛된 일임을 은근히 노래했는지 모른다. 어쨌든 봄을 아름답게 보내기 위해 헛된 욕망 따위는 버려야 한다.

넷째, 방랑의 발걸음에도 집착해서는 안 된다. 명성이 물과 같다면, 방랑은 바람과 같다. 부처님이 유행(流行)을 일삼으며 한곳에 정착하지 않으신 것을 본받아, 만행(萬行)을 수행으로 삼는 것은 좋지만, 만행에도 집착해서는 안 된다. 우리가 해야 할 일은 내가 행복해지고, 나를 만나는 수많은 이들도 함께 행복하게 하는 것이다. 만행을 통해 그 일을 해낼 수 있다면, 부처님처럼 마지막 떠나는 날까지 유행하는 것이 옳겠지만, 그렇지 않으면 방랑벽도 바람 따라 흐르다 사라지는 것임을 알고, 선사처럼 작은 암자에 정착하여 시나 쓰면서 사는 것도 좋을 것이다.

다섯째, 봄을 보내는 아름다운 시를 짓는 것이다. 마침 한밤중에 산비가 와서 꽃잎을 땅바닥에 모조리 내려놓았다면, 그 꽃잎을 바라보며 아름다운 시구절로 붓끝에서 꽃을 살려보자. 이 다섯 번째 방법이 선사가 봄을 보내는 방법 중에서 가장 중요하다. '사랑하는 봄이여, 당신은 당신이 가는 길에 스스로 꽃을 뿌려놓았습니다. 오실 때 입고 오셨던 도포자락 휘날리며 당신이 만든 꽃길로 세상의 모든 꽃잎 데불고 가시옵소서!' 이렇게 노래해보는 것이다.

그러다 보면 더러는 "가는 것이 문제였던가, 그래서/ 갔던 길 마저 헝클어뜨리며 왔는가 마음아/ 나 마음을 보내지 않았다/ 더는 취하지 않아/ 갈 수도 올 수도 없는 길이/ 날 묶어/ 더 이상 안녕하기를 원하지도 않았으나/ 더 이상 안녕하지도 않았다"[허수경, 〈불취불귀(不醉不歸)〉] 같은 명시도 나올 수 있겠으나, 명시에 집착하는 것도 명성에 집착하는 것처럼 괴로움을 낳을 뿐, 허허 웃으며, 훌륭하건 그렇지 않건 봄을 보내는 애틋하거나 따뜻하거나 소박하거나, 나름대로 아름다운 시를 지어서 친구와 교환하는 것, 이보다 더 낭만적이고 향기로운 일이 있을까?

올해도 어김없이 봄과 이별해야 하는 날이 다가온다. 땅바닥에 마음을 내려놓은 꽃잎들과, 그 꽃잎들을 내려놓은 세상의 뭇 식물들과, 더불어 살아가는 모든 생명체를 향해 부처님 같은 자비의 마음을 보내면서, 올해는 백곡처능 선사가 친구와 함께 공유한 '봄을 보내는 아름다운 방법' 다섯 가지를 실천해보련다.

2부

너무 잘하려고 하지 말고
그냥 즐기자

선을 공부하는 담 스님에게
示淡禪子

괄허취여(括虛取如, 1720~1789)

만 가지 법이 모두 마음에서 비롯되고
일천 물결이 한 방울 물에서 이루어지네
그 밖에는 아무것도 없음을 알면
나의 도는 이미 분명했음이여!

萬法全心起
千波一水成
如知非外物
吾道卽分明

-《괄허집(括虛集)》

만 가지 법이 모두 마음에서 비롯된다는 것은 화엄경의 게송 "약인욕요지 삼세일체불 응관법계성 일체유심조(若人欲了知 三世一切佛 應觀法界性 一切唯心造)"에 이미 나오지만, 일천 물결이 한 방울 물에서 이루어진다는 말은 듣지 못했다. 그러나 "방울 물이 적으나 그 방울 물이 모여서 동이를 가득 채운다"라고 했으니, 이는 작은 죄라고 가벼이 여기다가는 그것들이 모여서 큰 죄가 된다는 뜻이다. 생각해보면 큰 강도 여러 줄기의 계곡물이 모여서 이루어진 것이고, 여러 강물이 모여서 바다를 이루는 것이 아니겠는가? 당연히 일천 물결도 한 방울 물에서 시작되었다는 것이 일리가 있음이다.

그 밖에는 아무것도 없다니? 모든 진리가 마음에서 나오니 마음 밖에서 진리를 찾을 일이 아니고, 모든 물질은 한 방울 물에서 비롯되니 물질에 얽매이는 것은 우스운 일이다.

괄허 선사는 후배인 담 스님에게 바로 이렇게 가르치고 있는 것이다. "많이 알려고 하지 말아라. 마음 하나 알면 되고, 물 한 방울 알면 되는 것이다. 그 밖에 잡다한 것은 모두 쓰레기니라!"

알고 보니 禪(선)은 단순화이다. 학문이 복잡화이고 체계화라면, 그것을 한마디로 일축해버리는 것이 선이다. 그러면, 선을 학문적으로 연구하는 '선학(禪學)'은 또 무엇인가? 단순한 것을 복잡하게 설명하여 학자들이 보기에도 그럴듯하게 만드는 것이다. 참 재밌다. 재밌어서 환장하겠다. 그것이 필요한 일이냐고? 그래, 필요한 일이다, 지극히 필요한 일이고말고! 그것도 마음 한 가닥에서 비롯된 것이어서 한낱 쓰레기에 불과하지만, 쓰레기가 멋지게 재활용된다는 것쯤은 모두 알고 있듯이, 지극히 필요한 일이고말고.

유능한 것을 경계하다
誡技能

진각혜심(眞覺慧諶, 1178~1234)

큰 덕은 억지로도 안 되고 능력 있어도 얻을 수 없네

공교한 배움과 다채로운 기능이 꼭 필요한 것 아니네

유능한 이는 오히려 무능한 이의 부림을 받는 것

모름지기 무능함이 유능함을 이길 수 있음을 믿으시게

大德無爲絶技能

不須工巧學多能

有能常被無能使

須信無能勝有能

-《무의자시집(無衣子詩集)》

이 시를 처음 보았을 때 나는 유능해지려 너무 애쓰지 말라는 것을 이 시의 가르침으로 생각했다. 그러나 다시 보니 이 시에서 진각혜심 스님이 강조하는 것은 무능력이 아니라 '큰 덕'이다. 모름지기 사람은 먼저 '큰 덕'을 갖추는 것에 힘쓸 것이요, 유능해지는 것에 너무 집착하지 말아야 한다. 생각해보니 참으로 일리 있는 말씀이다.《삼국지》의 유비·관우·장비, 거기에 제갈량·조자룡까지 포함해서 이들 중 진정으로 능력 있는 이는 누구인가? 유비를 빼고는 모두 능력이 출중하다. 관우·장비·조자룡은 힘과 무예가 출중하고 통솔력과 추진력까지 갖추었다. 제갈량은 그야말로 빼어난 전략가로 타의 추종을 불허한다. 이들에 비해 유비는 특별한 능력이 없다. 그러나 유능한 이들이 모두 능력 없는 유비를 모시고 유비의 명을 받는다. 무엇 때문인가? 바로 '큰 덕'이다.

오늘날 우리 스님들에게도 사회적으로 기대되는 많은 요구가 있고, 세상 사람들의 수준이 전반적으로 높아졌으니 스님들의 지식수준, 지성도 그만큼 높아져야 한다는 목소리가 높다. 옳은 말씀이다. 스님들은 자신의 지식수준을 높이기 위해 꾸준히 노력해야 한다. 그러나 스님들의 사회에서까지 스펙이 강조되는 것은 바람직하지 않다.

출가하면서 나는 행복해지는 것과는 먼 쓸데없는 욕망과는 결별했고, 무엇보다도 '스펙(Specification)'과는 결별했다고 생각했다. 그러나 그렇지 않았다. 승가의 수준도 우리 사회의 수준과 발맞추는 경향이 있었다. 살아남기 위해 승가도 대중의 요구에 부응하지 않을 수 없었는지, 승가에서도 은근히 아니 노골적으로 스펙을 중시하고 있었다.

현각 스님이나 혜민 스님이 비교적 쉽게 대중적 인기를 얻을 수 있었던 것에는 하버드 출신이라는 것이 컸다. 우리 사회의 허위 의식이 짧은 시간에 영웅을 만들고, 또 짧은 시간에 끌어내리기도 했던 것이다. 내게도 유명(?) 문인이라는 스펙이 따라다녔지만, 나는 다행히 베스트셀러 시인이 아니었고, 일류대학 출신도 아니어서 스펙으로 허명을 얻지 않았다.

코로나가 장기화될 조짐을 보일 때 전문가들은 이제 진정으로 새로운 시대가 도래했다고 주장했다. MKTV의 김미경은《김미경의 리부트》라는 책에서 학력보다는 경력이 중시될 것이고, 경력보다는 경험이 중시될 것이라고 전망했다. 그러나 코로나가 너무 빨리 종료되어서일까? 아직 그럴 기미가 뚜렷하게 보이지는 않는다.

승가도 대중의 요구에 부응해야 하니 대중의 수준과 함께 간다고 하지만, 한편으로 대중의 수준을 끌어올리는 것도 승가가 할 일이다. 그러기 위해 승가의 구성원인 출가자에게 요구되는 것은 높은 스펙이나 고도의 지식이나 특별한 재능이 아니다. 출가자의 진정한 실력은 어떤 상황에서도 마음을 고요히 할 수 있는 능력이고, 모든 것은 실체가 없음을 알고 아무리 좋은 것이 있어도 욕심내지 않는 것이며, 모욕을 당해도 화가 나지 않는 것이다. 그리하여 자신의 번뇌를 여의고, 남의 번뇌도 덜어줄 수 있는 이라면 출가자로서는 최고의 능력자이다. 출가자의 진정한 능력의 다른 이름이 이 시의 첫 두 글자 대덕(大德), 곧 '큰 덕'이 아닐까?

적어도 우리 승가에서만이라도 진정으로 중요한 것은 '덕', '큰 덕'임이 증명되었으면 한다. '큰 덕'은 어디에서 오는 것일까? 나는 '큰 덕'을 《금강경》의 가르침에서 찾는다. 열심히 보살행을 하면서도 보살행을 했다는 마음이 없고, 자기 자신을 내세우지 않는 태도를 아주 자연스럽게 갖춘 이가 있다면, 그는 '큰 덕'을 갖춘 이라 할 것이다.

언젠가 한 일간지에 스펙보다는 경력을, 경력보다는 경험을 중시하는 사회가 되기를 바란다는 칼럼을 쓴 적이 있다. 여기에 한 가지 덧붙여도 좋겠다. 경험보다 더 중요한 것은 '덕'이다.

"스펙보다는 경력을, 경력보다는 경험을, 경험보다는 '덕'을, 나아가 '큰 덕'을 중시하는 사회를 만들자!"

오른손이 없는 나그네에게

贈無右手客

연담유일(蓮潭有一, 1720~1799)

관세음보살님에게는 천 개의 손이 있다네
바른 눈으로 보면 누구나 관세음보살이지
손 하나 없는 것이 도대체 무슨 걱정인가
아직도 구백구십구 개의 손이 남아 있거늘

觀音菩薩有千手
正眼看來誰不有
一箇雖殘何須嫌
猶存九百九十九

– 《연담대사임하록(蓮潭大師林下錄)》

연담유일 선사가 주석하는 사찰에 젊은 손님이 찾아왔다. 절을 올리는 모습을 보니, 그는 오른팔이 없었다. 손님은 앉자마자 스님께 하소연하듯이 말했다.

"스님, 저는 어린 시절 팔 하나를 잃은 뒤로 세상 사는 재미가 없어졌습니다. 남들이 다하는 씨름도 못하고 줄다리기도 못하고 자치기도 못해봤습니다. 저를 좋아할 여자도 없을 것 같아 혼인도 하지 않았습니다. 아무런 희망이 보이지 않습니다."

"내가 시 한 편 지어볼 테니, 잘 들어보게!"

스님은 바로 위에 있는 시를 읊었다.

천수천안관세음보살은 천 개의 손과 천 개의 눈을 가졌다. 수많은 중생의 고통을 덜어주기 위해 원력을 세우니 손과 눈이 하나씩 늘어나서 각각 천 개에 도달한 것이다. 고통받는 사람이 늘어난다면 관세음보살의 손과 눈은 더 늘어날 수도 있다. 그런데 선사의 사상 속에서, 관세음보살은 단 한 분만 있는 것이 아니며, 원력을 세우면 누구나 천 개의 손을 가진 관세음보살이 될 수 있다. 그렇다면 손 한 개 잃었다 해도 아직 999개의 손이 남아 있는 것이 아닌가?

장애가 있어도 큰일을 해낸 분들을 우리는 무수히 알고 있다. 《나는 참 괜찮은 사람이고 싶다》의 저자 미국 조지메이슨대 특수교육과 정유선 교수는 뇌성마비로 말과 행동이 자유롭지 못하지만, 학교에서 '최고 교수상'까지 수상할 정도로 실력을 인정받았다. 그녀가 소극적이었던 성격을 바꾼 것은 고등학생 시절에 국어 선생님으로부터 받은 편지 한 통 덕분이었다. 편지에는 "자기 자신의 마음에 스스로 한계를 긋는 일, 그게 장애"라는 내용이 적혀 있었다. 그녀는 선생님의 말씀에 생각을 돌이켜 인생에 도전하기로 마음먹고 미국 유학길에 올랐다. 미국에서 조지메이슨대, 코넬대에서 컴퓨터공학을 전공하고, 조지메이슨대에서 보조공학으로 박사학위를 받은 후 교수가 되었다.

우리는 스스로 본인이 부족하다는 퇴굴심(退屈心)에 사로잡히곤 한다. 능력 이상의 욕심을 부리는 것이 행복으로 가는 길에 도움이 되지 않을 수 있지만, 충분히 가능한 일이고 그것을 해내면 더욱 행복해질 수 있는데도 도전하지 않는 것은 어리석은 일이다.

스티븐 호킹은 21세에 루게릭병을 앓아 점차 온몸이 마비되었지만 좌절하지 않았다. 몸이 마비되는 속도를 늦춰가면서 연구활동을 계속한 결과 그는 아인슈타인 이후 최고의 물리학자가 되었다. 그는 손가락의 미세한 움직임과 눈썹의 움직임만으로 글을 써야 하는 상황에서도 놀라운 연구결과를 계속해서 발표했다.

몇십 년을 매일 천 배를 하면서 뇌성마비 장애를 이겨낸 《오체투지》의 저자 한경혜의 인생도 장애가 오히려 기회를 만들어줄 수 있음을 말해준다. 일곱 살이 되었지만 제대로 걷지도 못하는 딸아이를 두고 절망에 빠진 엄마는 성철 스님을 찾았다. 성철 스님이 내린 처방은 아이에게 매일 천 배 절을 하게 하라는 것이었다. 아이는 20년 이상 매일 천 배 절을 하면서 뇌성마비를 이겨낼 수 있었고, 20대 때는 만 배 절하는 백일기도를 세 번이나 완수하면서 마침내 화가의 꿈을 이룰 수 있었다.

피아니스트 최혜연은 세 살 때 오른팔을 잃었지만 왼손 다섯 손가락과 오른쪽 팔꿈치로 당당하게 희망을 연주하고 있다. 연담 유일 선사는 젊은이에게 매우 유용한 처방을 내린다. 바로 관세음보살의 삶을 살 것을 권한다. 범인으로 살면 한 팔의 삶이지만, 관세음보살의 삶을 살면 999개의 팔과 손의 삶을 사는 것이다.

절 수행으로 뇌성마비를 이겨낸 한경혜의 삶이 바로 관세음보살의 삶이다. 그녀는 실의에 빠진 장애아들을 대상으로 그림을 가르쳤고, 어렵게 공부하는 예비 화가를 위한 화실인 '작가의 집'을 세워 아이들에게 그림뿐만 아니라 희망을 가르치고 있다.

한 손이 없는 이가 관세음보살의 삶을 살면 999개의 손이 있는 셈이고, 두 손이 멀쩡한 이가 관세음보살의 삶을 살면 천 개의 손이 있는 셈이다. 이 시를 통해 한 손이 없다고 해서 좌절할 일이 아니고, 두 손이 모두 없다 해도 좌절할 일이 아니며, 두 손이 다 있다면 천수천안관세음보살의 삶을 사는 것이 당연하다는 진실을 배울 수 있다.

안심 비구가 게송을 구하기에
安心比丘求偈

괄허취여(括虛取如, 1720~1789)

마음은 몸 속의 주인이요

몸은 마음 밖의 손님 아니네

마음 편하면 몸 역시 고요해지니

손과 주인이 원래 서로 친하렷다

心是身中主

身非心外賓

心安身亦靜

賓主乃相親

– 《괄허집(括虛集)》

선사의 시각에서 마음은 주인, 몸은 손님이다. 그러나 몸이 아프면 우리는 마음이 주인이라는 진실을 잊어버리고, 몸이 오히려 마음이 주인인 것은 아닐까 하는 의문이 생긴다.

엄밀히 말하면, 마음은 몸속의 주인이요, 몸은 마음속의 손님이다. 다시 말해 몸과 마음이 실제로는 분리될 수 없는 불가분의 관계라는 말이다. 마음이 편하면 몸도 편해지고, 그 반대도 성립한다. 몸이 편하면 마음도 편해진다. 그래서 손님(몸)과 주인(마음)이 서로 친한 집안(인간)은 당연히 강건하고 원만하다.

다시 또 엄밀히 말하면, 몸이 주인이니 마음이 주인이니 하는 주장은 모두 틀렸다. 몸도 마음도 모두 손님이다. 몸은 마음에 얹혀사는 손님이고, 마음은 몸에 얹혀사는 손님이다. 그럼 몸이 죽으면 마음도 죽는 것인가? 그것은 "부모에게서 태어나기 전에 너는 무엇이었느냐?"라는 화두와 맞먹는 난해한 질문이다.

몸이 죽으면 마음도 죽은 것인가?

이 뭣고?

염불

念佛

괄허취여(括虛取如, 1720~1789)

염불할 땐 가장 먼저 망상을 없애고
때때로 늘이고 당김을 거문고 줄 고르듯 하면
염불하는 소리마다 진여 곧장 합치되어
마침내 예와 지금 모두 잊게 되리라

念佛先除妄相心
隨時緩急若調琴
聲聲直與眞如合
畢竟渾忘古與今

-《괄허집(括虛集)》

우리는 꼭 이렇게 염불하고 있다. 망상을 없애고, 때로는 부드럽게, 때로는 강하게 완급을 조절한다. 그렇게 적절하게 염불하면 그 소리마다 진리와 하나가 된다.

그렇게 염불하면 예와 지금, 너와 나, 모든 분별 사라진다. 염불은 염불이 아니다.

초보 시절, 잘해보려고 기교를 부리기도 하고, 최대한 큰 소리를 내보기도 하고, 높은 소리를 내보기도 했다. 그러나 아무리 잘해보려 해도 나의 목에서 염불의 대가 영인 스님의 목소리가 나오지는 않는다.

염불(念佛)은 글자 그대로 부처님을 생각하는 것이다. 부처님을 생각하는 데는 잘하고 못하는 것이 따로 없다. 잡념 없이 얼마나 집중하고 있느냐만 있다. 염불은 염불이 아니다.

요즘 감기와 부비동염으로 수시로 기침이 나와서 아침기도든 사시기도든 겨우 마치곤 한다. 지금 내 목표는 잘하는 것이 아니다. 끝까지 하는 것이다. 감기와 부비동염도 결국에는 지나간다. 그저 염불할 뿐 잘하려고 하지 말자. 끝까지 염불했다면 염불했다는 것만으로도 참 즐겁다. 나의 염불이 듣는 이를 편안하게 할 수 있으면 좋겠다.

약재 이름으로 눈병 앓는 급 스님에게 부치다

藥名體寄及師病眼

경암응윤(鏡巖應允, 1743~1804)

선을 닦는 도반이 오미자를 거두어

그대에게 보내니 부디 서둘러라

남은 생애 높은 뜻 아는 이 드무니

허수아비에 기탁한 삶 꿈처럼 헛되구나

한여름 빗장 걸고 무자화두 참구하니

남쪽 성 어느 곳이 견우성의 터전인가

눈의 티끌 없애 밝힘은 별 방법 없으니

허공의 꽃으로 돌리고 나머진 묻지 말게나

禪道諸方捻五味

當歸吾子莫徐徐

殘年遠志知音少

幻界寄生覺夢虛

半夏掩關紒狗話

南星何處是牛墟

決明眼翳無多術

旋復空花莫問餘

-《경암집(鏡巖集)》

옛 선사는 역시 풍류가 있다. 도반이 몸이 아프다는 소식을 들으면 그것을 시로 써서 위로할 줄 알았다.

도반이 눈병을 앓는다는 소식을 듣고, 경암 선사는 눈에 좋다는 약재 이름으로 시를 써서 도반에게 보낸다. 이 시에 쓰인 약재는 오미·당귀·원지·기생·반하·결명 등이다.

눈병은 눈에 티끌이 들어간 탓에 생긴 것이다. 일상생활 중에 눈에 티끌이 들어갈 수 있을 것이다. 그러나 이 시에서 티끌은 번뇌를 상징하며, 밝은 눈을 어둡게 만들었으니 어리석음이다.

어리석음을 없애고 눈을 밝히는 방법은 특별한 것 없다. 결국 선을 닦아서 눈이 밝아지게 하는 수밖에 없다. 경암 선사는 도반에게 눈에 있는 티끌을 허공의 꽃으로 돌리고, 오직 정진할 것을 당부하고 있다.

이 시를 읽은 도반은 눈병이 나은 것은 물론이고, 마음의 어리석음 또한 말끔히 씻어냈을 것 같다.

비 온 뒤에 우연히 읊다

雨後偶吟

대원무외(大圓無外, 1714~1791)

돌샘은 차갑고 차가워라 비가 막 개었지만,
풍광은 넓고도 넓어서 붓으로 미처 쓰지 못하네
이 가운데 신령하고 특히 현묘한 곳 있으니
비록 인간 세계이지만 정거천이나 한가지라오

泉石冷冷雨霽初
風光浩浩筆難書
此中靈境重玄處
雖在人間亦淨居

-《대원집(大圓集)》

옛 선사들의 풍류를 어찌 따라가랴. 이만하면 가히 도를 닦을 이유 무에 있으랴.

한여름, 소나기가 한바탕 지나갔다. 그러나 돌샘은 차갑기가 여전하고, 널리 펼쳐지는 풍광은 가히 내 가슴을 활짝 열어 허공에 내동댕이친다. 그 감격을 어찌 말이나 글로 표현하리.

그야말로 신령하고 현묘한 이곳, 비록 세속이지만 아나함과를 증득한 이가 간다는 정거천(淨居天)과 무에 다르리.

이런 풍류 속에서 살기 위해 꼭 필요한 것은 '내려놓음'이다. 욕심을 내려놓아야 하고, 분노를 내려놓아야 한다. 욕심을 내려놓기 위해서는 '나'와 '남'을 분별하는 것을 내려놓아야 하고, 분노를 내려놓기 위해서는 '내 것'이 따로 있다는 생각을 내려놓아야 한다. 다 내려놓고 풍류 속에서 살아보는 것이 어떠하리!

상원사

題上元寺

설잠(雪岑) 김시습(金時習, 1435~1493)

종적은 물 위의 부평초와 같으나

구름산만은 여생을 보낼 만하네

몸과 그림자 서로 위로함이 서글프나

숲과 샘이 정 둘 만함을 기뻐하노라

근심 없애려 뜰의 풀 되는 대로 제거하고

수심 일으키는 귀뚜라미 소리 실컷 듣네

내일 아침 홍진세계로 들어간다면

인간세계 득실을 평하는 데 떨어지리

踪跡猶如水上萍

雲山只可送餘生

自憐形影徒相吊

端喜林泉是處情

遣悶謾除庭草色

牽愁厭聽砌蛩聲

明朝若入紅塵去

應落人間得失評

-《매월당전집 불교관계시문초(梅月堂全集 佛教關係詩文抄)》

뛰어난 재주를 가지고도 부평초처럼 살았던 매월당 김시습, 출가하여 설잠 스님의 이름으로 살면서도 그는 안주하지 않았다. 그래서 구름산에서 여생을 보내려 했다. 상원사가 있는 산은 용문산인데, 옛 이름이 구름산이었는지 혹은 설잠 스님이 구름산이라 이름했는지는 모르겠다.

몸과 그림자가 서로 위로한다는 것은 그만큼 인적이 드문 곳이란 뜻이다. 지금 나와 함께하는 것은 내 몸이요, 내 몸이 만들어낸 그림자일 뿐이다. 그러나 외로움은 스스로 자처한 것이니, 선사는 숲과 샘을 벗하여 기뻐한다.

뜰의 풀은 보기 싫어서가 아니라 근심을 없애기 위해 베어내고, 수심을 일으키는 귀뚜라미 소리를 음악회에 온 듯 감상하면서 선사의 하루는 깊어만 간다. 참 심심할 것 같지만 심심하지 않다.

그러나 세속에 물든 이는 산사가 참으로 심심하다. 내가 북한산에 있을 때였다. 한 중년 여인이 이틀간의 템플스테이 체험을 예약했는데, 아침 공양을 마친 후에 하산하겠다고 말했다. 왜냐고 물었더니, 너무 심심해서 못 있겠단다.

그러나 선사는 홍진세계로 갈 생각이 없다. 홍진세계에서 이해득실을 따지면서 살고 싶지 않은 것이다. 우리는 선택해야 한다. 심심해도 이해득실을 따지지 않고 산사에서 조용하게 살 것인지, 좀 번거롭더라도 심심하지 않은 세속에서 살 것인지 선택해야 한다기보다는 선택할 수 있다.

해인사에 출가할 때 해인사 강원 강주 스님께서 내게 물어보셨던 것이 생각난다. "출가하면 잔재미는 없어집니다. 그래도 출가하시겠습니까?" 당연히 나는 잔재미 따위는 잊고 살겠다고 대답했다.

그러나 출가한 후에 나는 출가자야말로 참으로 많은 잔재미가 있다는 것을 깨달았다. 나무와 풀과 대화하는 재미, 하늘의 달과 소통하는 재미가 참으로 쏠쏠하다. 출가하지 않은 어느 누가 아침 일찍 산책을 나가서 까치와 딱따구리와 대화할 것이며, 수심(愁心)을 일으키는 귀뚜라미 소리를 하루 종일 들을 것이며, 창밖을 멍하니 바라보며 산꼭대기부터 내려오는 햇빛을 바라보는 재미를 만끽하겠는가?

나는 설잠 스님이 외로운 길을 선택하셨지만, 외롭지만은 않으셨으리라 확신한다.

배고프면 먹고 곤하면 자며[*]

又作十二頌呈似

백운경한(白雲景閑, 1299~1374)

배고프면 먹고 곤하면 자며,

무심하여 어떤 대상 만나든 한가롭다네

오로지 본분사에 의지하여,

어디에서나 눈앞에 드러난 도리 지킬 뿐

飢食困來眠

無心萬境閑

但依本分事

隨處守現成

– 《백운화상어록(白雲和尙語錄)》

---

* 이 시의 제목은 〈다시 12수의 송을 짓다〉이지만, 첫행 "배고프면 먹고 곤하게 자고"를 제목처럼 사용한다.

백운경한 스님의 선사상을 한마디로 무심선(無心禪)이라 정의하
는 경우가 많다. 무심선이란 상황에 따라 이런저런 생각을 일으
키지 않는다는 것이다.

우리는 별것 아닌 것에도 마음이 상하기도 한다. 예를 들자면,
나는 법당에서 예불이나 기도 집전을 하고 나오면서 다음 스님을
위해 그 스님이 쓰는 목탁과 법요집, 축원문 등을 사용하기 편하
게 정리하고 나오곤 하는데, 다른 스님은 그렇게 해주지 않는 경
우가 있다. 그런 경우에 슬쩍 마음이 상하기도 하는데, 그래봤자
본인만 손해다. 그 정도야 내가 다시 해도 그리 수고스럽지 않으
니 무심하게 대하는 것이 좋다. 다른 사람이 어떻게 하든 자기 자
신만 잘하면 되는 것인데, 이럴 때 우리는 마음이 상해서 배려하
던 일도 그만두곤 한다. 무심은 이런 경우에 어떤 마음도 일으키
지 않는 것이다.

그렇다고 아무런 생각 없이 사는 것이냐 하면, 그것은 아니다.
오로지 본분사에 충실하는 것은 잊지 말아야 한다. 본분사(本分事)
는 무엇일까? 내가 해야 할 일이다. 참선하는 이는 오직 참선에만
몰두하는 것이며, 염불하는 이는 염불에만 몰두하는 것이며, 소
임을 사는 이는 소임에 충실하는 것이다. 어디에서나 눈앞에 드
러난 도리를 지킬 뿐, 이런저런 경계에 끌려가지 않는 것이다.

오늘은 예민해지지 말고, 웬만한 일에는 너그럽게 대해야겠다.

남을 위해서이기도 하지만, 나 자신을 위해서이다. 예민하게 대한다고 해서 나에게 도움이 되지 않을 뿐만 아니라, 상대에게도 전혀 도움이 되지 않는다. 예민하게 대하면 상대에게도 좋지 않고 나에게도 좋지 않다.

백운경한의 무심선을 배우며, 오늘도 편안하고 넉넉하고 너그럽게 생활한다.

자신의 일을 즐겨라

樂自業

해담치익(海曇致益, 1862~1942)

남의 재물을 공으로 얻으려 하지 말라,
내 복이 아니면 저절로 사라지나니
스스로의 힘으로 가업을 성취하면,
끝없이 취해 써도 영영 사라지지 않으리

莫使人財空得好
苟非吾福自爲消
乾乾吾力成家業
取用無窮永不消

- 《증곡집(曾谷集)》

재물을 쉽게 얻고 싶은 마음이야 누군들 없겠는가? 예를 들면 로또복권이 당첨되는 것을 꿈꾸며 매주 복권을 사는 사람의 마음을 충분히 이해한다. 그러나 쉽게 얻은 재물은 쉽게 사라진다.

내가 언젠가 지은 복덕을 쓰는 것이라면 괜찮을 수 있지만, 스스로 짓지 않은 복덕을 미리 당겨쓰는 것이라면, 그것이 오히려 화가 될 수 있다.

세상에 없는 세 가지를 아시는가? 첫째 공짜, 둘째 비밀, 셋째 정답이다. 이 세 가지는 세상에 없는 것이란다. 그런데 우리는 공짜를 좋아하고, 비밀을 간직하는 것도 좋아하며, 정답이 있는 줄 알고 평생을 헤맨다. 다른 것은 몰라도 공짜만큼은 없다는 것을 분명히 알고, 맘 편하게 부지런히 일해서 먹고살겠다고 다짐해 본다.

최근 세상에 없는 한 가지를 더 발견했다. 바로 '백 퍼센트'다. 인류 역사상 가장 위대한 인간이신 석가모니 부처님도 데바닷타 같은 배신자가 있었으며, 우리 역사상 가장 위대한 군주인 세종대왕도 아들들과 손자 사이에서 일어날 비극을 막지 못했고, 로마 제국의 현명한 황제 마르쿠스 아우렐리우스(Marcus Aurelius Antoninus)도 친아들인 콤모두스(Commodus)에게 제위를 물려줌으로써 로마 역사상 최악의 폭군을 탄생시켰다.

너무 완벽해지려고 하지 말자! 최선을 다한 후 얻은 결과에 진심으로 승복하자.

올해 나의 목표는 즐기면서 수행하는 것, 달리 말하면 수행을 즐기는 것이다. 수행을 즐겨 어떤 결과를 얻겠다는 목표는 세우지 않으려 한다. 수행을 그저 즐겨보자! 즐기면서 수행해보자.

한 스님에게 대답하다

有一禪者答云

복암충지(宓庵冲止, 1226-1292)

인시(寅時, 새벽 3~5시)에 미음 한 국자 든든히 먹고

낮엔 밥 한 그릇에 배가 부르다

목마르면 차를 석 잔 달여 마시니

깨달음 있고 없고는 상관 않으리

寅漿飫一杓

午飯飽一盂

渴來茶三椀

不管會有無

- 《해동조계제육세원감국사가송(海東曹溪第六世圓鑑國師歌頌)》

오늘은 지난번에 잠시 앓았던 급성 부비동염 기운이 있었다. 약간 몸살 기운이 있으면서 코가 막히는 증세이다. 그래서 오늘은 기도하는 것 외에는 아주 가벼운 일 한 가지만 하고 쉬었다.

가끔 이렇게 쉬어주는 것도 괜찮겠다. 오매불망 화두에 전념하다가도 가끔은 허리띠를 풀 듯이 휴식을 취하는 것도 필요하다. 아니, 화두를 잡을 때도 힘을 주지 않고 자연스러워야 한다.

간화선을 수행하는 중요한 방법이 이 시에 있다. 한 스님이 충지 스님에게 여쭈었다. "어떻게 하면 깨달음을 얻을 수 있습니까?" 이 질문에 대한 대답이 위 시다. 위 시를 다시 풀면 다음과 같다. 화두를 들어 한시도 놓지 않으면서도 화두를 들었다는 생각도 없이 한가한 생활을 영위해야 한다. "깨달아야 한다"는 생각이 있으면 저절로 몸과 마음에 힘이 들어가게 된다. 그러다 보면 자칫 상기병에 걸리기 쉽다.

아침에는 미음 한 국자 든든히 먹고, 목마르면 다른 것 마시지 말고 차를 세 사발 마셔보자. 마음이 지극히 편안하고 가벼워질 것이다. 깨달음에 대해서는 잊어버리고, 그저 청안하기만 하면 된다.

불두화를 노래하다

詠佛頭花

용담조관(龍潭慥冠, 1700~1762)

뜰 앞에 한 무더기의 꽃이 피었는데,

그 빛깔 선명하기가 어떤 꽃보다 낫구나

신농씨(神農氏)는 옛날에 뭐라 이름 지었을까?

사람들이 불정화(佛頂花)라 부르는 게 나는 좋아라!

庭前惟有一叢花

其色鮮明勝雜花

神農昔日名何作

我愛人稱佛頂花

–《용담집(龍潭集)》

꽃이 활짝 핀 불두화 나무는 우리나라 사찰 지도 같다. 이 꽃송이는 통도사, 이 꽃송이는 해인사, 이 꽃송이는 송광사, 그리고 저 꽃송이는 신계사 등 우리나라 곳곳에 자리한 사찰들이 많기도 하다. 그런데 자세히 보라. 한 꽃송이 속에 또 수많은 꽃이 있다. 하나하나 세어보라. 워낙 빽빽하게 들어차 있어서 헤아리기 힘들다. 그렇지 않은가? 우리나라에 있는 사찰마다 얼마나 많은 스님들과 신도들이 있고, 얼마나 많은 선지식이 탄생했는가? 그들을 어찌 다 일일이 헤아린단 말인가? 스님, 신도, 선지식 들이 하나로 어우러져 아름다운 한 송이 꽃을 피운 것이다. 큰 꽃송이 속에 자리한 작은 꽃들도 자세히 보면 참 아름다운데, 참 신통하게도 작은 꽃들은 어떤 주장도 없이 그저 한 송이 꽃을 만드는 것에 자신을 온전히 바친다. 그래서 수많은 꽃이 모였지만, 한 송이 꽃으로서 완벽한 공동체를 이루고 있는 것이다.

해마다 부처님 오신 날 무렵이면 우리 절 마당 여러 곳에 불두화(佛頭花)가 핀다. 커다란 공처럼 생긴 큰 꽃 앞에서 사람들은 감탄사를 연발한다.

"이 꽃 이름이 뭐래요?"

"불두화입니다. 부처님의 머리카락처럼 곱슬곱슬한 꽃잎이 공처럼 둥글게 뭉쳐 있어서 마치 부처님의 두상과 같다고 하여 '불두화'라는 이름이 붙었습니다."

그 이름 때문일까? 부처님을 연상시키는 불두화 한 그루쯤 없는 절은 드물다. 불두화를 보고 있으면, 고봉으로 담은 쌀밥이 연상되기도 하고, 잘 뭉친 주먹밥이 연상되기도 한다. 또 뜨개질할 때 쓰는 실뭉치 같기도 하고, 부드러운 솜사탕 같기도 하다. 우리 조상들은 이 꽃이 부처님의 두상을 닮았다고 생각했기에 불두화라는 이름을 붙였을 것이다. 참으로 뛰어난 작명이다.

조선 후기의 문인 박윤묵(朴允黙, 1771~1849)은 한없이 고요하게 느껴지는 불두화를 보고 "불이문 앞에서 모든 사람이 선정에 들었네[不二門前盡人禪]"(〈영불두화(詠佛頭花)〉)라고 노래했다. 불이문 옆에 피어 있는 불두화를 한없이 바라보고 있는 사람들을 이렇게 표현한 것이자, 불두화 꽃송이 하나하나가 모두 선정에 들었다는 표현이기도 하다. 그만큼 불두화는 절집에서 우리의 발길을 붙들어놓는 신비한 꽃이다.

용담조관 선사는 불두화라는 이름에 관심이 많다. 선사는 신화 속에서 농사짓는 법을 알려주었다고 하는 신농씨가 불두화를 뭐라고 이름 지었을지 궁금하다. 아마도 신농씨는 풍족한 음식과 연결된 이름으로 부르지 않았을까? 그 어떤 이름도 불두화라는 이름에 미치지는 못할 것 같다. 그만큼 불두화는 부처님의 원만한 외모뿐만 아니라 자애로운 성품을 꼭 빼닮았다.

영국의 불교학자 루퍼트 게틴(Rupert Getin)은 갖가지 경론을 살펴보고 부처님은 출가 이후 출가할 당시에만 삭발하고, 그 이후에는 한 번도 삭발하지 않은 것으로 결론을 내린다. 그는 부처님께서 출가하여 칼로 머리를 자르자 3센티미터쯤 남은 머리가 오른쪽으로 세 바퀴쯤 말렸는데, 그 상태가 평생 갔다고 말한다. 그래서 불상에 표현된 부처님의 두상이 한결같이 불두화처럼 표현되었다는 것이다.

선사는 불두화 대신 또 하나의 이름을 알려준다. '불정화(佛頂花)'이다. 이 이름은 '부처님의 정수리'를 닮았다는 뜻이다. 부처님의 정수리는 조금 튀어나와 있는데, 이를 '육계(肉髻)'라고 한다. 불상의 육계는 머리카락 없이 맨살로 표현되기도 하고, 부드럽게 말린 머리카락이 그대로 남아 있는 채로 정수리 부분이 둥글게 튀어나온 것으로 표현되기도 한다. 맨살이 드러난 육계를 부처님의 정수리라고 생각하면 불정화라는 이름이 어울리지 않지만, 머리카락을 표현한 육계가 부처님의 정수리라면 용담조관 선사처럼 불정화라는 이름으로 불러도 좋을 것 같다.

지금 불두화가 곳곳에 피어 있다. 불두화를 볼 때마다 부처님을 만난 듯 반갑다. 어쩌면 이렇게 원만한 꽃이 있을까? 생각해보면 원만하지 않은 꽃이 있을 리 없지만, 더 원만하게 느껴지는 꽃은 있을 터, 불두화가 바로 그렇다.

나는 불두화가 화합을 최상의 덕목으로 삼는 승가(僧伽)를 상징하는 것은 아닐까 생각해본다. 화합 대중의 개개인이 갖추어야 할 최상의 덕목이 원만함인데, 불두화야말로 원만함의 극치이다. 게다가 큰 꽃송이를 이루는 작은 꽃들은 자신을 내세우지 않고 모두 큰 꽃송이를 이루기 위해 자신을 온전히 희생하고 있지 않은가?

나는 도량 전체에 피어 있는 불두화를 순례해본다. 그러고 보니 우리 절 도량 내 불두화의 분포도를 그리면 전 세계의 승가 지도가 될 것 같다. 인도 아대륙, 그 밑 섬나라인 스리랑카, 동남아시아, 티베트, 중국과 한국, 일본 등지에 불두화 아니 승가가 존재한다. 나라마다 승가가 있고, 그 승가에도 수많은 사원과 신행단체가 있지만, 불두화 꽃송이가 작은 꽃들로 둥글게 뭉쳐 있듯이 하나로 뭉친다. 그들은 모두 부처님의 가르침을 널리 전함으로써 세상 모든 이들을 행복하게 하기 위해 존재한다. 사원과 신행단체 속에서 수많은 수행자가 한 송이 불두화같이 아름다운 공동체를 만들어가고 있는 것이다.

불두화를 보면서, 우리나라의 사찰 지도를 떠올리면서, 전 세계의 승가 분포도를 만들어보면서, 은사스님이 늘 강조하는, 틱낫한 스님의 말씀을 다시 한번 새겨본다.

"미래의 부처님은 공동체의 모습으로 오신다!"

숨어 살면서

幽居

백암성총(栢庵性聰, 1631~1700)

높은 나무에는 아름다운 새 깃드는데
사립문으로는 속세의 나그네 찾질 않네
맑게 갠 창가에 적막하게 앉았더니
푸르고 흰 구름만 유유히 떠 가는구나

喬木有佳禽
柴門無俗客
晴窓坐寂寥
只管雲靑白

시냇가에서 뜯은 푸성귀 천천히 익히고
자고 일어나면 진하게 차를 달인다네
참선하는 마음 물처럼 맑은데

항하사 같은 경전 어이 읽으리

嬾煮澗邊蕨

濃煎睡後茶

禪心淸似水

不必誦恒沙

– 《백암집(栢庵集)》

암자의 풍경이 한가하기 그지없다. 나무에는 아름다운 새들이 연방 방문하지만, 암자의 사립문은 한나절이 지나도 아무도 밀고 들어오지 않는다. 그러거나 말거나 선사가 맑게 갠 창가에 앉아 먼 하늘을 바라보니, 하늘도 참 한가하여 푸른 구름과 흰 구름이 전혀 서두르지 않고 어디론가 가는 둥 마는 둥이다.

선사는 시냇가에 나가 푸성귀를 뜯어서 점심을 준비하더니, 푸성귀를 대충 익혀서 맛있게 먹고는 낮잠을 늘어지게 잔다. 자고 일어나 차를 진하게 달여 한잔 마시면 머리가 맑아져서 참선하는 마음이 마치 맑은 물과 같다. 그것으로 오늘 공부는 끝, 갠지스강의 모래알처럼 많은 경전은 읽을 엄두를 내지 않는 것이 아니라 읽을 필요를 느끼지 못한다. 참 맑고 한가한 선사의 하루이다.

선시를 많이 쓴 옛 선사들은 이렇게 한가하게 산 경우가 꽤 있다. 그들은 대체로 "한 병의 물에 한 냄비의 차"만 있으면 되고, 목마르면 손수 차를 끓여 마시고, "대지팡이 하나에 부들방석 하나/ 걸어가도 선이요 앉아서도 선"(복암충지, 〈산중의 즐거움[山中樂]〉)이었으며, "배고프면 먹고 곤하면 자며,/ 무심하여 어떤 대상 만나든 한가하여"(백운경한, 〈배고프면 먹고 곤하게 자며[又作十二頌呈似]〉) 언제나 여유만만이었다.

출가하여 이런 삶을 꿈꾸는 것도 나쁘지 않다. 남에게 전혀 피해를 주지 않고, 자신의 마음도 고요하니 분주한 세상에 귀감이

될 수도 있다. 그러나 부처님은 이렇게 살지 않으셨다. 부처님은 마음은 늘 한가했지만, 몸은 오히려 바쁘셨다. 부처님께서는 새벽에 일찍 일어나셔서 신통력으로 당신을 필요로 하는 이를 살피셨고, 필요하면 직접 방문하셔서 도우셨다. 대중과 함께 탁발을 마치신 후에는 공양을 하셨고, 오후 시간에는 재가자를 위해 법문을 하시고, 낮잠을 잠깐 주무신 후 경행을 하셨으며, 저녁에는 출가자를 위해 법문을 하셨고, 홀로 선정에 드셨다가 자정이 넘으면 천신이나 하늘 사람들의 방문을 받아 가르침을 베푸셨다. 부처님께서 주무시는 시간은 겨우 두 시간 남짓, 그럼에도 부처님의 마음은 언제나 한가하셨기에 바쁜 일상이 전혀 무리가 되지 않았다.

나는 그야말로 분주한 도심 사찰의 대명사인 불광사에 왔다. 분주한 김에 몸을 더욱 바쁘게 하여 마음이 저 홀로 날뛰지 못하게 묶어두기 위해 천팔십일기도에 들어갔다. 천팔십 일이면 보름이 모자라는 삼 년이다. 약 삼 년 동안 기도하는 기계로 살아보자는 마음이다. 숲속에서만 숨어 살라는 법은 없다. 도심에서도 숨어 사는 방법이 있으니, 오직 기도하는 기계로 사는 것이다. 나는 기도와 더불어 전법과 교육을 추가하여, 아니, 교육은 전법에 포함될 수 있으니, 기도하고 전법하는 기계로 살아보련다. 몸이 바빠서 마음이 바쁠 틈이 없게 살아보련다. 그것이 지금 내가 선택

한 분주한 곳에서 오히려 적막해지는 방법이다.

광덕 큰스님은 일평생을 참으로 바쁘게 사신 분이다. 날마다 금강경을 독송하셨으며, 많은 글을 쓰셨고, 의식집을 정리하셨고, 법문도 많이 하셨다. 불광사를 창건하셨고, 불광유치원을 설립하셨으며, 봉은사 주지, 대각회 이사장, 종단의 총무부장까지 역임하셨다. 총무부장 시절에는 봉은사 땅을 지키기 위해 조계사에서 대각사까지 1인시위 행진을 하시기도 했다. 체력이 좋으셔서 그렇게 많은 일을 하신 것이 아니다. 젊은 시절 결핵을 앓고 병약하셨지만, 스님은 놀라운 집중력으로 엄청난 일을 하셨다. 그 힘은 어디에서 왔을까? 나는 믿음이라고 생각한다. 옛 선사들이 마음을 한가하게 하여 일념으로 화두에만 몰두하면 반드시 견성한다는 믿음을 가졌듯이 광덕 큰스님은 '마하반야바라밀의 공능'을 굳건히 믿으셨다. 그 믿음이 몸이 바쁠수록 마음은 오히려 한가해질 수 있게 한 것이다.

우리에게 주어진 현재의 환경이 비록 험악하더라도 그것을 저주하지 말자. 도리어 현재 있는 것에 감사하자. 우리는 그곳에서 새로운 곳으로 뛰어 나아갈 수 있는 것이다. 현재의 환경에서 굴종이나 불운의 인상을 마음에 받아들이지 말자. 도리어 끊임없이 염불하며 자신에게 깃든 무한 능력, 성공의 약속을 마음 깊이 새기도록 노력하자. 현재의 불안전한 상태를 저주한다면 그것은 마음에 새겨져 도리어 그것에 속박된다. 그러므로 현재 주어진 것이 비록 못마땅하더라도 불평하고 불만을 표하고 저주하느니보다 새로운 성장을 생각하며 감사하자.

- 《광덕 스님 전집》8권, 불광출판사, 2009, 180쪽

암자에서 홀로 밥을 끓여 먹어야 하는 처지도 생각하기에 따라 불운일 수 있다. 그러나 옛 선사들은 오히려 그것을 즐겼다. 도심에서 분주하게 전법활동을 펼쳐야 하는 상황도 불만이 될 수 있다. 광덕 큰스님은 그것을 축복으로 생각하셨다. 중요한 것은 우리에게 주어진 상황이 아니라, 그 상황을 어떻게 받아들이냐에 있다. 세상에 무의미한 것은 없다. 한가하기 그지없는 환경도, 눈코 뜰 새 없이 바쁜 환경도 나름대로 의미가 있다. 중요한 것은 몸이 아무리 바빠도 마음만은 한가해질 수 있는 능력, 아니, 내게 다가오는 어떤 상황도 나를 발전시키는 동력이자 크나큰 가르침에 다름 아니라는 굳건한 믿음이다.

민 스님에게 주다

贈敏禪子

청허휴정(淸虛休靜, 1520~1604)

그대 한남사에 너무 오래 머물렀는가

관서지방 최고의 명승지를 외면하고

바야흐로 언덕에 단풍이 물든 날

성근 비는 가을 강을 건너는데

그대는 어디로 돌아가려 하는가

멀리 천 개의 산을 떠돌겠다 하는데

쏘다녀서 이익될 것이 무에 있다고

여섯 마리 원숭이나 잘 단속하여라

久住漢南寺

關西一勝遊

岸楓初染日

疎雨過江秋

隻影歸何處

千山遠欲浮

周流無所益

須鎖六獼猴

-《청허당집(淸虛堂集)》

만해 스님의 님은 단풍이 한창일 때 떠났다. "푸른 산빛을 깨치고 단풍나무 숲을 향하여 난 작은 길을 걸어서 차마 떨치고 갔습니다"(한용운, 〈님의 침묵〉)라는 문장이 이를 증명한다. 그래서일까? 단풍은 묘하게 이별과 어울리는 이미지로 다가온다.

서산 대사가 관서의 명승지 한남사에서 기거할 때였다. 바야흐로 단풍이 아름다워지기 시작할 때, 마침 성근 비가 강을 건너오는 시점이었다. 젊은 수행자 민 스님이 서산 대사를 찾아와 엎드려 고했다.

"큰스님, 오늘 한남사를 떠나려고 합니다."

"그래, 왜 떠나려 하는고?"

"일천 산을 돌아보기 위해 만행을 떠나려 합니다."

나는 언젠가 벽송지엄(碧松智嚴, 1464~1534) 선사의 "천 개 산의 눈을 다 밟고 나서야/ 돌아와 흰 구름에 누웠네[踏盡千山雪 歸來臥白雲]"(〈의선 소사에게[示義禪小師]〉)라는 시구절에 큰 감명을 받았다. 천 개 산의 눈을 밟기 위해서는 도대체 얼마나 떠돌아야 하나? 벽송 선사는 참선을 공부하는 초학자인 의선 소사에게 한곳에 안주하지 말고 진리를 찾아 끊임없이 떠나야 한다고 가르쳤던 것이다.

부처님의 생애가 바로 그러했다. 부처님은 어느 한곳에 안주하지 않으셨고, 한곳에 눌러 계시면 안락한 삶이 보장되어 있을 경우에 더더욱 길을 떠나셨다. 부처님께서 첫 교화를 시작한 이래 예순 명의 아라한을 배출한 직후였다. 부처님은 제자들을 모아놓고 이른바 전법선언(傳法宣言)을 하시고는, "나도 이제 우루벨라의 세나니로 가리라"라고 말씀하신 후 홀로 길을 떠나셨다. 아라한 예순 명 중에서 첫 가르침을 받은 다섯 비구를 제외하면, 그들은 모두 바라나시의 재벌 2세 아니면 바라나시 유력 인사들의 아들이었다. 따라서 바라나시에서 눌러살게 되면 부처님의 도량은 안정적으로 운영될 것이고, 부처님의 전법활동 또한 탄탄대로였을 것이다. 그러나 부처님은 안정보다는 변화와 발전, 확산을 구했다.

민 스님도 부처님이나 벽송지엄 선사 같은 마음이었을 것이다. 그러나 서산 대사는 "쏘다녀서 유익할 것이 없다"고 전혀 다른 말을 한다. 서산 대사야말로 평생 한곳에 안주하지 않고, 묘향산, 지리산, 금강산 등 전국의 크고 작은 산을 두루 유람한 운수납자(雲水衲子)였다. 그럼에도 대사가 쏘다니는 것이 유익할 것이 없다고 말하는 것은, 유행(流行) 자체가 중요한 것이 아니라 어떤 자세로 수행하느냐가 중요하기 때문이다.

서산 대사는 젊은 후학에게 "여섯 마리 원숭이나 잘 단속하여라"라고 당부한다. '여섯 마리 원숭이'는 눈·귀·코·혀·피부·의근(意根) 등 여섯 가지 감각기관을 비유적으로 이른 것이다. 여섯 가

지 감각기관을 원숭이(獼猴)로 비유한 이유는 원숭이는 인간의 뜻
대로 통제하기 힘들기 때문이다. 수행자의 감각기관도 열심히 정
진하고자 하는 수행자의 본래 뜻과는 달리 쾌락을 추구하려는 경
향이 있다. 서산 대사는 수행은 날뛰는 감각기관을 잘 통제하는
데 있지, 이곳저곳으로 돌아다니는 데 있지 않다고 말한 것이다.

　부처님 시대에 일곱 살밖에 되지 않은 어린 사미승 상낏짜
(Sankicca)가 오백 명의 도둑을 교화한 일이 있다. 오백 명의 도둑
들이 희생제를 지내기 위해 비구스님 한 명의 목숨을 바치기로
했다. 당시 이미 아라한의 경지에 든 상낏짜가 자원하여 제물이
되기로 했다. 도둑의 수장이 날카로운 칼을 높이 들어 상낏짜의
목을 향해 내리쳤다. 그런데 목에 닿기도 전에 칼이 두 동강이가
나버렸다. 도둑의 수장은 새로운 칼로 다시 내리쳤지만, 그 칼도
두 동이가 되어버렸다. 이에 도둑의 수장이 무릎을 꿇고 엎드려
용서를 빌면서, 자신과 자신의 부하들이 모두 출가하여 수행자가
되겠다고 결의한다. 상낏짜가 오백 명의 새로운 비구들을 데리고
스승 사리뿟따(Sāriputta)에게 인사한 후 부처님을 찾아가 문안을
올리자 부처님께서 법문을 베푸신 후에 게송을 읊으셨다.

　　감각기관을 잘 다스리지 못하고
　　부도덕하게 백 년을 사는 것보다

단 하루라도 계행을 지키며

마음을 고요히 닦는 것이 훨씬 낫다

서산 대사의 가르침은 중요한 것은 감각기관을 제대로 다스리는 것이므로 천 개의 산을 유행하는 데 집착하지 말라는 뜻이다. 그렇다면 벽송 대사가 젊은 초학자에게 천 개의 산을 유행하라고 가르친 뜻은 무엇일까? 부처님처럼 아무리 좋은 곳일지라도 절대로 안주하지 말라고 경계한 것이다.

서산 대사는 유행에 집착하는 민 스님에게 유행보다 중요한 것은 감각기관을 다스리는 것이니 오직 수행에만 집중하라고 가르친 것이고, 벽송 대사는 수행에 집중할 수 있는 좋은 수행처에 집착하는 의선 스님에게 한곳에 안주하지 말고 만행하면서 시야를 넓히라고 가르친 것이다.

우리는 흔히 우리 마음을 사로잡는 아름다운 가르침에 집착하여 그것을 절대화하는 경향이 있다. 부처님은 "나의 설법은 뗏목과 같은 것임을 알아야 한다"(《금강경》)라고 말씀하셨다. 뗏목이 강을 건너는 데 유용했다고 해서 강을 다 건넌 다음에 뗏목을 짊어지고 가는 것은 어리석은 일이다.

단풍이 아름답다고 해서 단풍잎을 박제로 만드는 것은 어리석은 일이다. 단풍은 나뭇잎이 나무를 떠나겠다는 이별의 통보이다. 단풍이 물들기 시작할 때 이별을 통보한 민 스님은 그때 서산 대사를 떠났을까? 그때 떠났든 떠나지 않았든, 민 스님은 이 시를 통해서 크게 변화했을 것이다. 지금은 서산 대사도 민 스님도 없다. 그들이 없다고 해서 진정으로 없는 것인가? 지금도 그때처럼 가을이면 단풍이 이별을 통보한다.

3부

자신을 돌아보는데 선수가 되자

보경사

寶鏡寺

월하계오 (月荷戒悟, 1773~1849)

물이 신령한 근원에서 솟으니 골짜기도 깊고 깊어
늙은 용이 집을 짓고 학이 숲속에 둥지를 틀었네
높은 봉우리 북쪽에 서니 그 뒤엔 하늘이 없어지고
쌓인 빗물 동쪽에 그득하니 바다가 옷깃을 푸는구나
바라보면 끝이 분명한데도 사람들은 길을 닦아나가고
바람이 전하는 소식 적막해도 한밤엔 다듬잇돌 소리
뜰 가득히 비추는 달빛을 차가운 종(鍾)이 수신하니
갖가지 가을벌레 이슬 맺힌 풀잎에서 노래하네

水出靈源洞裏深
老龍有宅鶴巢林
峻峯立北天無後
積雨彌東海洩襟

望際分明人鍊道

風便寂莫夜舂砧

滿庭皓月寒鍾信

多少秋虫露草吟

- 《가산고(伽山藁)》

9월이면 포항 내연산 보경사에 가볼 일이다. 여름 폭풍우가 지나자 산에는 맑고 맑은 물만 남아 있음에도, 열두 개의 폭포가 많고 많은 물을 또다시 정수(淨水)하고 또 정수하여 맑고 맑은 비원(悲願)만 남은 곳, 그곳에서 늙은 용과 학과 신선과 사람과 크거나 작은 짐승들과 온갖 벌레들과 바다와 하늘과 산이 어떻게 공동체를 이루고 있는지를 감상해볼 일이다.

내연산 바위들은 말이 많다. 거품을 물면서 그들은 말한다. 그렇게 많은 말을 하는데도 조금도 시끄럽지 않으니, 우리는 그 말을 신령한 근원에서 솟아오른다고 여길 수밖에 없다. 깊이를 알 수 없는 연못에서는 꼬리가 보이지 않는 용이 산다고 상상할 수밖에 없고, 용의 친구인 학에게 용의 소식을 물으면, 대답은 폭포가 대신한다. 초가을이면, 맑고 맑은 정수(淨水)만 남은 포항 내연산에서 우리는 바위들의 말을 들어야 한다. 나는 우리가 그들의 말을 알아들을 때 우리의 수행도 비로소 끝이 보인다고 생각한다.

봉우리가 우뚝 솟아 있는 북쪽 하늘은 아예 보이지 않고, 보이지 않는다고 없다고 할 수 없음을 동쪽으로 펼쳐진 바다가 말해준다. 선사는 동해 바다를 '쌓인 빗물'이라고 말한다. 그 빗물에 목욕하기 위해 바다가 옷깃을 푼다니, 내연산 보경사에서 우리는 비로소 바다가 목욕하는 모습을 볼 수 있겠다. 보경사에서 바다로 난 길을 따라 끝없이 가서 옷을 벗으면, 마침내 바다와 함께 목욕할 수 있겠다.

김현승 시인이 "봄은 입술로 말하더니／ 가을은 눈으로 말을 한다"(〈가을의 비명〉)라고 노래했지만, 나는 '가을은 귀로 듣는 것'이라고 정의하고 싶다. 가을밤, 아무것도 보이지 않을 때, 아무것도 보지 않겠다는 마음으로 눈을 감으면 '가을의 소리'가 들린다. 물소리, 새소리, 벌레소리, 그리고 멀리서 달이 은하수를 건너는 소리!

안도현 시인은 "구월이 오면／ 구월의 강가에 나가／ 강물이 여물어가는 소리를 듣는지요"(〈구월이 오면〉)라고 노래했는데, 나는 9월이 오면 보경사에 가서 가을이 여물어가는 소리를 들으라고 권선한다. 불보살님들을 빽빽하게 그려 넣어 불국토를 형상화한 그림 만다라가 나중에는 추상화된 도형으로 바뀌듯이, 내원산 보경사를 장식하는 수많은 소리는 눈을 감고 들으면 추상화된 소리의 만다라가 된다.

옛 선승의 시절에는 "바람이 전하는 소식 적막해도 한밤엔 다듬잇돌 소리"가 있었다. 그 소리의 정체는 무엇일까? 예전에는 산사에서도 베를 직접 짜서 옷을 해 입었을 테니, 다듬잇돌 소리도 심심치 않게 있었을 것이다. 바야흐로 한밤중, 뜰 가득 환한 달빛이 내리자 종루의 차가운 범종이 달빛을 받으니, 범종은 두들

기지 않아도 한없이 맑고 고요한 소리를 내누나! 들리지도 않는 범종 소리를 갖가지 가을벌레들이 이슬을 묻혀서 퍼뜨리니 여기 저기 풀잎에서 이슬 한 방울씩 뚝뚝 떨어진다. 이토록 화려하고 아름다운 소리의 만다라가 어디에 있겠는가?

9월이야말로 기다림의 계절이다. 씨앗을 뿌려놓고 느긋하게 기다리는 봄이나 모내기 후 김매기에 열중하는 여름에 비해, 하루하루 곡식이 익어가는 것이 보이고, 과일이 여물어가는 것이 보이는 초가을이면, 더욱 손꼽아 초조하게 기다리게 되는 것이 인지상정(人之常情)이다. 나태주 시인은 "기다리라 오래 오래/ 될 수 있는 대로 많이/ 지루하지만 더욱/ 이제 치유의 계절이 찾아온다"(〈다시 9월〉)라고 충고한다. 기다리자! 아니 기다리지 말자! 기다리지 않아도 세월은 가고, 과일은 익어가고 곡식은 여문다.

가을에는 곡식이 누렇게 익고, 과일은 각양각색으로 익고, 단풍이 붉게 물들어서, 가을은 눈으로 느끼는 것이라고 여기기 쉽지만, 가을의 초입에 가만히 눈을 감고 가을을 느껴보자. 그때 우리는 깨닫는다. 가을은 눈으로 느끼는 것이 아니라 귀로 느끼는 것임을, 가을벌레가 얼마나 많은 종류가 있는지, 이슬 맺힌 가을 노래가 얼마나 풍성한 소리의 만다라를 이루고 있는지 확연하게 깨달을 수 있도록, 초가을에는 소리의 만다라가 장엄한 포항 내연산 보경사에 가볼 일이다.

밤을 주우며

拾栗

허백명조(虛白明照, 1593~1661)

허기진 창자 꼬르륵대는 소리 참지 못해

천천히 걸으며 밤알을 주우려고 구름 속에 들었네

석양의 산빛 마치 붉은 비단 같은데

추적추적 가을비에 떨어지는 낙엽 소리

不忍飢腸似電鳴

經行拾栗入雲扃

夕陽山色如紅錦

秋雨霏霏落葉聲

－《허백집(虛白集)》

중앙승가대 주위에는 밤나무가 제법 있지만, 허기진 배를 채우려고 밤을 주워본 적은 없다. 그만큼 오늘날 우리는 풍족하게 살고 있는 것이다.

옛 선사는 그렇지 않았다. 선사는 허기진 창자가 꼬르륵대는 소리를 견디지 못해 밤알을 주우려고 구름 속에 들었다. 구름 속에 들었다는 것은 구름이 잔뜩 낀 날씨에 길을 나섰다는 뜻이다. 구름이 산을 덮고 있을 때 숲속으로 들어가면 참으로 구름 속으로 들어가는 느낌이다.

해 질 무렵, 구름에 덮여가고 있지만, 서녘 하늘은 붉고, 게다가 단풍까지 한창이어서 산빛은 붉은 비단 같다.

그때 추적추적 내리기 시작하는 가을비에 낙엽들도 집착을 버리고 나뭇가지를 꼭 쥐고 있는 손을 놓는다. 비 맞고도 선사는 밤을 주웠을까?

배고파서 밤알을 주우려고 빗길을 나선 옛 선사의 시를 읽으니, 오늘날 내가 얼마나 풍요롭게 사는지 다시 한번 생각해본다. 이렇게 풍요로운데도 내 마음에 조금이라도 욕심이 있는지 마음 곳곳을 샅샅이 들여다본다. 그 마음 곳곳에 옛 선사의 시를 뿌려준다.

폭우 내리는 가을밤

夜雨即事

연담유일(蓮潭有一, 1720~1799)

연 사흘 이어지는 가을비에

처마의 낙숫물 소리 밤이면 더욱 시끄러워

광풍 불어와 나무를 쓰러뜨리고

성난 폭우 울타리를 쓸어가네

반딧불은 젖는 것을 꺼리지 않고

벌레소리 점점 따뜻한 곳으로 모여드네

솜을 얻으러 간 어린아이는

배고프면 어느 마을에서 먹고 자려는지

秋雨連三日

簷流夜更喧

狂風吹樹倒

怒瀑卷籬奔

螢火不妨濕

蛩吟漸聚溫

小兒乞綿去

飢食宿何村

- 《연담대사임하록(蓮潭大師林下錄)》

2016년이었던가? 10월 1일 난데없는 폭우가 쏟아졌다. 광풍도 있어서 많은 나무들이 부러졌다. 그날 북한산 계곡에서 내가 가장 좋아하는 나무 두 그루가 불어난 계곡물에 휩쓸려 사라졌다.

옛날에도 그런 가을이 있었나 보다. 광풍 불어와 나무를 쓰러뜨리고, 성난 폭우가 울타리를 초토화시킨 날이 있었나 보다.

그럼에도 반딧불이는 발광도 비행도 멈추지 않고 젖는 것도 두려워하지 않는다. 솜을 얻으러 마을에 간 어린아이는 돌아오지 않는 것이 안전할 것 같다.

그렇게 가끔은 가을비가 험하게 내릴 때가 있다. 가을 폭우는 여름 폭우에 비해 더욱 당혹스럽다. 가을에 폭우가 내릴 거라고는 생각하지 못했기 때문에 수해를 입을 경우 그 피해가 더 심각하다.

기후위기로 인해 변덕스러운 날씨는 더 잦아질 것이다. 그러나 인간의 지혜는 이 또한 적절하게 대처하리라 생각한다.

변덕스러운 날씨가 가끔 우리를 당혹스럽게 만들더라도 당황하지 말기로 하자. 어차피 세상은 어려운 일투성이다. 그러나 어려운 일을 해결할 때마다 우리의 위기 대처 능력도 발전한다는 것을 잊지 말자.

어려운 일이 있을 때마다 당황하거나 절망한다면 삶은 더 피폐해지고 난감해질 것이니, 연담유일 선사처럼 그런 가운데서도 반딧불이를 관찰하는 여유를 가져보자. 벌레소리가 점점 따뜻한 곳으로 몰리고 있음을 귀 기울여보자.

"삶이 그대를 속일지라도/ 결코 슬퍼하거나 노여워하지 말라"는 푸시킨의 시를 생각해본다. 어느 날 세탁소에 갔는데, 세탁소 아주머니가 이 시를 필사하고 있었다. 내가 "푸시킨의 시를 필사하시네요!"라고 했더니, "아유, 창피해요! 옛날 생각이 나서 적어보았어요"라며 얼굴을 붉히는 모습이 참 아름다웠다.

삶이 나를 속이는 것이 아니라, 삶이 내 마음대로 되지 않을 뿐이다. 삶은 정직하게 내가 만들어낸 업대로 전개할 뿐, 내가 선업을 지으면 선한 방향으로, 악업을 지으면 악한 방향으로 전개하는 것일 뿐, 나를 속일 생각일랑 추호도 없다. 다만 선업을 지었으나 그 선업이 익기 전에 나쁜 일이 생기는 것일 뿐이다. 나쁜 일이 있을 때마다 '내가 업장 하나를 지웠구나' 하고 생각하면 된다.

'삶이 나를 속였다라'고 생각하기보다는 '삶이 조금 난해하다'라고 생각하자.

삶은 참으로 정직하다. 어떤 일이든 일어날 일이 일어나는 것이다. 삶이 내 뜻대로 전개되지 않은 데에는 이유가 있을 것이니, 그 이유를 통찰할 수 있다면, 슬퍼하거나 노여워할 일도 없을 것이다.

입을 경계하라
誡口

해담치익(海曇致益, 1862~1942),

좋은 말도 한두 번이지, 길어지면 병이 되거늘
하물며 좋지 않은 말을 여러 번 함이랴
만약 남에 대해 좋지 않은 말을 들었다면
내 입으로 옮기지 말고 입 다물어 침묵하라

好言一二長爲病
況是多番不好言
如或聽人言不好
莫移吾口默無言

-《증곡집(曾谷集)》

사람의 혀를 뽑아 길고 넓게 펴서 만든 밭이 있다. 혀를 뽑아 늘린들 얼마나 넓을까 싶은데, 그 밭에서 농부가 쟁기질을 하고 씨를 뿌리고 곡식을 거두고 커다란 나무가 자라 오르기도 한다니, 우리의 혀를 최대한 길게 뽑고 넓게 펴서 광활한 벌판을 만드는가 보다. 혀를 뽑아 늘릴 때의 고통도 말로 표현할 수 없거니와 혀를 쟁기로 갈아 만든 밭에서 풀과 나무가 자라 오르고, 또 그것들을 거칠게 뽑을 때의 고통은 또 얼마나 극심하겠는가? 이 지옥의 이름은 발설지옥(拔舌地獄), 말로 짓는 악업을 많이 지은 이들이 가야 하는, 염라대왕이 관장한다는 그 지옥이다.

요즘처럼 통신수단이 발달한 시대에는 구업을 짓는 것이 훨씬 쉬워져서 발설지옥에 인구가 넘쳐날지도 모르겠다. 옛날에는 사람들을 직접 만나야만 대화할 수 있었고, 또 한때는 전화를 통해서만 대화할 수 있었다. 지금은 문자메시지, 카카오톡 채팅 등 다양한 통신수단을 통해 대화하거나 소통할 수 있는 통로가 다양해져서 구업(口業)을 짓는 것이 참으로 쉬워졌다. 발설지옥의 공무원들이 업무가 너무 과중하여 아우성이라는 웃지 못할 소식이 들리는 듯하다.

"A가 너(C)를 두고 못된 놈이라고 욕하더라!"

A가 친구 C에 대해 나쁜 말을 했다 하더라도, '나'는 A의 말을 C에게 전하지 말아야 한다. 이 시는 이간질하지 말아야 한다는

것을 직접적으로 표현했다. 너무 직접적이어서 시답지 않기도 하다. 그러나 선시는 시적이어야 한다는 관념으로부터 자유롭다. 가끔 선시가 예술작품의 향기를 풍기기도 하지만, 예술작품이어야 한다는 원칙은 어디에도 없다. 나는 선시 속에서 아름다움보다는 삶의 교훈을 얻는다.

'좋은 말[好言]'은 충고하는 말이나 타이르는 말로 남을 가르치는 말이다. 충고는 한 번 들으면 고맙게 느껴질 수 있지만, 자꾸 듣게 되면 누구나 짜증이 난다. 선사는 좋은 말도 길어지면 병이 되거늘, 좋지 않은 말을 자꾸 하는 것은 더욱 경계해야 한다고 경고한다.

괄허취여(括虛取如, 1720~1789) 선사도 "내가 남을 헐뜯으면 남도 나를 헐뜯는다[毀人人亦毀]"(〈사람 때문에 느낀 바 있어[因人述懷]〉)라고 노래했다. 남이 나를 헐뜯는 것을 바라지 않는 사람은 스스로 남을 헐뜯는 것도 삼가야 한다.

나도 한때는 비판하는 것을 참 좋아했다. 멋지게 비판하는 사람을 훌륭하다고 생각하기도 했고, 잘나가는 사람의 단점을 통렬하게 지적하는 것을 재미있다고 여겼다. 그러나 그것은 잘못된 태도였다.

부처님 시대에 웃자나산니 비구는 항상 다른 비구들의 결점을 찾아내어 말하는 버릇이 있었다. 어느 날 다른 비구들이 그를 부처님께 데리고 갔다. 부처님께서는 비구들에게 이렇게 말씀하셨다.

"비구들이여, 어떤 사람이 다른 사람의 결점을 찾아내어 그에게 바른길을 일러주는 것은 훌륭한 일이지만, 그것을 많은 사람에게 공개하고 욕한다면 그는 번뇌만 더욱 늘어날 뿐 선정에 이르지 못하며 부처님의 가르침을 바르게 이해하고 깨달을 수 없게 되느니라."

다른 사람의 결점을 보면 부드럽게 충고하는 것은 좋지만, 많은 사람에게 공개하고 욕하는 것은 자신의 수행에 큰 장애가 된다는 뜻이다. 여기서 주목해야 할 부분은 다른 이의 결점을 찾아내 공개하고 욕하는 것이 도리에 어긋나서라기보다는 스스로 수행하는 데 도움이 되지 않기 때문에 주의하라는 말씀이다. 이어서 부처님께서는 다음 게송을 읊으셨다.

다른 사람의 허물을 찾아내어
그들을 자꾸 비난하는 자는
번뇌가 더욱 늘어나리니
결코 열반의 경지에 들지 못하리
-《법구경》253송

만해용운(卍海龍雲, 1879~1944) 스님이 뽑은 채근담에서 "남의 나쁜 점을 탓할 때는 엄하게 지적하지 말고/ 잘못을 받아들일 수 있는 한도 내에서 지적해야 한다[攻人之惡無太嚴 要思其堪受]"는 문장에 밑줄을 쳤다. 우리는 남의 나쁜 점에 대해서는 지나치게 엄격하고, 자신의 잘못에 대해서는 지나치게 관대하다. 만해 스님은 자신에게는 엄격하고 남에게는 관대해지라고 충고한다.

인간이 말할 수 있다는 것은 얼마나 큰 축복인가. 금하광덕(金河光德, 1927~1999) 스님은 "말은 위대한 창조의 힘을 지니고 있사온바 저희들은 참된 말을 바로 써서 말의 위력을 실현하겠습니다"(〈보현행자의 서원〉)라고 서원했다. 인간에게 말이 없었다면, 오늘의 찬란한 문명도 없을 것이며, 부처님의 위대한 사상도 없을 것이다.

구업(口業)에는 악업만 있는 것이 아니다. 위대한 창조의 힘을 발휘하는 구업은 선업이다. 통신수단이 발달되어 구업을 짓기 쉽다고 했는데, 말로 짓는 악업만 짓기 쉬운 것이 아니라 말로 짓는 선업도 짓기 쉬워졌다. '참된 말을 바로 써서 말의 위력을 실현하는 것'도 쉬워졌다는 뜻이니, 지금이야말로 말로 선업을 지어서 세상을 아름답게 만드는 일에 일조해야 하리라.

마음을 관하다

觀心

괄허취여(括虛取如, 1720~1789)

홀로 앉아 마음 바다 바라보네

넓고 먼 아득한 물이 하늘과 맞닿았네

뜬구름은 마치 그림인 듯 움직이지 아니하고

외론 달만 높이 떠서 온 세상을 다 비추네

獨坐觀心海

茫茫水接天

浮雲無起滅

孤月照三千

－《괄허집(括虛集)》

선승은 마루 끝에 앉아 좌선하고 있다. 마루 끝에서 마음 바다를 바라본다. 넓고 먼 아득한 물이 하늘과 맞닿아 있다. 뜬구름은 마치 그림인 듯 움직이지 아니하고, 외로운 달만 높이 떠서 온 세상을 비추어준다.

풍광이 그려지는가? 선사의 마음 바다가 내 마음에 둥실 떠 있는 듯하다. 내 마음 한곳에 살며시 자리 잡은 외로운 달이 외롭게 비추는데도 온 세상이 환하다.

선의 묘미는 특별한 데 있지 않다. 바로 이런 시에 있다. 선을 공부하지 않은 이가 어찌 이런 묘미를 알리? 마루 끝에 홀로 앉아 좌선해보지 않은 이가 어찌 이런 아름다움을 알리?

이런 경험을 무던히 한 나는 행복한 사람이다. 행복은 멀리 있지 않으며, 행복한 사람도 따로 있지 않다. 외로운 달이야말로 외롭지 않다는 것을 아는 이가 행복한 사람이다.

한가한 도인을 찬탄하다

贊閑道人

득통기화(得通己和, 1376~1433)

마음은 물에 비친 달과 같고 자취는 세상 사람과 같은데

칭찬해도 좋아하지 않고 욕해도 화내지 않네

본성 따라 인연 따라 한가로운 나날 보내나니

잿빛 머리와 흙빛 얼굴로 본래의 참된 성품도 잊네

心同水月迹同塵

讚不忻忻毀不嗔

任性隨緣閑度日

灰頭土面忘天嗔

–《함허당득통화상어록(涵虛堂得通和尙語錄)》

얼마 전 한 스님에게 전혀 나쁜 뜻이 아닌 말을 건넸으나 뜻밖에도 기분 나쁘게 대응하여 나도 맞받아친 적이 있다. 이 시를 통해 도인의 삶을 보니, 참 부끄러운 일이다.

도인의 마음은 물에 비친 달과 같이 맑지만, 외모로는 세상 사람과 다를 바 없다. 그는 칭찬해도 특별히 좋아하지 않고, 욕해도 화내지 않는다. 도인은 오직 본성에 따라 인연에 따라 나날을 한가로이 보낼 뿐이다.

잿빛 머리와 흙빛 얼굴[灰頭土面]은 보살이 나투는 다양한 모습을 상징하지만, 보는 이에게 보여지는 그 모습 그대로를 말한다. 있는 그대로의 모습으로 본래의 참된 성품조차 잊었다는 것은, 보살은 자신이 보살이란 상도 없음을 말해준다.

뜰에 핀 꽃이 사람을 보고 웃기에

庭花向人笑

무용수연(無用秀演, 1651~1719)

봄꽃이 모두 지고 여름꽃이 피었는데
어느 날 마주치니 내 머리칼 희다고 웃네
순간일 뿐인 젊음에 으스대지 말지어다
하루아침 비바람이면 피눈물 흘리리니

春花落盡夏花開
却笑人間髮白來
頃刻繁華君莫恃
一朝風雨政堪哀

-《무용당유고(無用堂遺稿)》

허허, 참 맹랑한지고! 어느 날 뜰에 핀 꽃이 선사의 머리가 희어진 것을 보고 맹랑하게 웃었습니다. 요놈 보게! 지는 안 늙을 줄 알고! 나도 어저께까지 젊었다고!

꽃은 맹랑하게 웃고 선사는 배시시 웃습니다. 선사는 꽃을 보고 말합니다.

"이보게, 그 순간도 버티지 못하는 젊음 갖고 으스대지 말게나!"

꽃이 깔깔깔 웃으며 말합니다.

"누가 웃었다고 그러세요? 산들바람이 불었을 뿐이란 말이에요."

그날 밤 밤새 장대비가 내렸습니다.

선사가 뜰 앞에 나가보니, 깔깔깔 웃던 꽃은 어디로 사라졌는지 없고, 웃음소리만 개울물로 흐르고 있었습니다그려!

들소를 길들이는 노래

馴野牛頌

복암충지(宓庵冲止, 1226~1292)

들소의 천성은 본래 길들이기 어렵나니
부드러운 풀과 드넓은 벌판에서 자유로이 놀았건만
어찌 생각이나 했으랴 코에 밧줄이 꿰이어
사람의 손아귀에 이리저리 끌려다니게 될 줄을

野牛天性本難馴
細草平田自在身
何意鼻端終有索
牽來牽去摠由人

-《해동조계제육세원감국사가송(海東曹溪第六世圓鑑國師歌頌)》

들소의 천성은 두 가지 의미가 있다. 첫째는 자유(自由)를 바탕으로 한 우리의 마음이고, 둘째는 방종(放縱)을 바탕으로 한 우리의 감각기관이다.

들소가 어느 날 어떤 사람에게 붙들려 일소가 되었다. 주인은 물푸레나무를 둥글게 만들어 소의 코에 꿰었다. 이제 소는 코뚜레를 묶은 줄이 끄는 대로 이리저리 움직일 수밖에 없다. 줄이 끄는 곳이 아닌 다른 곳으로 가려 하면 코뚜레를 묶은 밧줄이 사정없이 코에 압박을 가한다. 처음에는 저항해보기도 했지만, 차츰 복종하는 것이 현명하다는 것을 알게 된다. 주인이 시키는 대로 하면 제법 맛있는 음식이 기다리고 있다. 들소는 차츰 들에서 사는 것보다 집에서 사는 것이 편하다고 생각한다. 나중에는 줄을 묶어놓지도 않았는데, 들소는 나가지 않는다. 마침내 들소는 자신이 들소가 아니라 집소라고 생각하게 되었다.

우리의 감각기관인 눈과 귀와 코와 혀와 몸과 생각은 방종에 빠지려는 속성이 있다. 이 감각기관들은 쉽게 욕망에 빠져든다. 욕망이 채워지지 않으면 분노하게 된다. 그 욕망과 분노는 우리가 감각하는 것이 내 것이라는 어리석음 속에서 비롯된다. 우리의 수행은 이러한 감각기관에 코뚜레를 해주는 것이기도 하다.

우리의 감각기관이 제멋대로 날뛰지 못하게 제어하는 것이다.

이 두 의미가 수행을 상징하는 관점에서는 여기서 그쳐서는 안 된다. 첫 번째 들소는 등 따뜻하고 배부른 것에 만족하지 않고, 자신의 본성이 무엇인지를 깨달아야 할 것이다. 감각기관에 코뚜레를 꿰어 날뛰지 못하게 된 두 번째 들소도 감각기관의 탐진치(貪瞋癡)에 휘둘리지 않게 되면 마침내 코뚜레로부터 자유로워질 수 있다.

눈

眼

영허해일(暎虛海日, 1541~1609)

누가 쌍거울을 내 얼굴에 걸어놓았나
푸르고 희고 검고 누런 색깔 분명히 보누나
남의 시비를 가리고 구별하는 데는 능숙한데
자기 자신을 되돌아보는 건 참 미숙하구나

誰將雙鏡掛扵面
靑白玄黃歷歷分
飜笑是非他了別
未能返照自家痕

-《영허집(暎虛集)》

"누가 쌍거울을 내 얼굴에 걸어놓았나?"

거울이란 자기 자신을 볼 수 있는 요긴한 도구이다. 거울이 없다면 자기 눈을 볼 수 없고, 자기 얼굴도 제대로 볼 수 없다. 거울이 있어서 자기 얼굴에 묻은 때를 볼 수 있고, 자기 눈 속의 티끌을 확인할 수 있다.

나의 두 눈은 남의 얼굴은 잘 보고 남의 티끌은 잘 보지만, 자신의 얼굴은 거울이 없으면 볼 수 없고 자기 눈에 든 티끌도 볼 수 없다. 그럼에도 선사는 두 눈을 쌍거울이라고 표현했다. 어쩌면 이 표현은 두 눈이 자신을 들여다볼 수 있는 거울과 같은 존재여야 한다는 의미일 수 있다.

그런데 내 눈은 남의 시비를 가리고 남을 분별하는 데는 능숙한데, 자기 자신을 되돌아보는 것은 참 미숙하다. 자기 자신을 있는 그대로 되돌아보고 자기 자신을 잘 돌보는 이, 우리는 그를 '깨달은 이'라고 부른다. 자기 자신뿐만 아니라 모든 중생을 잘 되돌아보고 그들을 잘 돌보는 이를 우리는 부처님이라고 우러러본다.

우리가 자신의 두 눈을 자신을 들여다보는 도구로 활용할 수 있다면, 우리의 두 눈은 수행을 성취하는 데 긴요한 최상의 도구가 될 것이다.

이 시를 읽으면서 우선 깨닫는 것은 내가 자신을 되돌아보는 데 참 미숙하다는 것이다. 이 진실을 우선 인정해야 한다. 그래야

다음 단계가 열린다.

　자기 자신을 되돌아보는 데 미숙하다는 것을 인정하면 자기주장만 옳다고 고집하게 않게 된다. 미처 보지 못한 부분이 있을지도 모른다고 생각하고, 자기 자신을 더 깊이 들여다볼 수 있게 되는 것이다. 그럴 때 두 눈은 자신의 마음을 보여주는 진정한 쌍거울이 된다.

삼가 석산 한상사(韓上舍)의 운을 따라
謹次石山韓上舍

월하계오(月荷戒悟, 1773~1849)

그를 사랑하면 그도 나를 사랑하고

그를 미워하면 그도 나를 미워하지

사랑도 미움도 오직 내 탓인데

왜 하필 이 산승에게 물으실까

愛人人我愛

憎人人我憎

愛憎惟在我

何必問山僧

-《가산고(伽山藁)》

오늘은 호법법회를 봉행하였다. 휴가철인데도 제법 많은 법우 형제님들이 오셨다. 큰스님께서 호법법회를 강조하셨지만, 현재 불광에 오시는 법우 형제님들께 호법을 권선하기가 쉽지 않다. 초하루나 지장재일, 관음재일에 대해서는 굳이 설명하지 않아도 되지만, 호법발원은 다른 절에서 오신 불자들이나 초심자에게는 생소하기 때문이다.

법문을 시작하면서 보왕삼매론의 한 부분을 얘기했다.

"남이 내 뜻대로 순종해주기를 바라지 말라. 남이 내 뜻대로 순종해주면 마음이 교만해지나니, 그래서 성인이 말씀하시되 '내 뜻에 맞지 않는 사람들로서 원림(願林)을 삼으라 하셨느니라."

나는 이 말씀 속에서 남을 대하는 세 가지 원칙을 세웠다. 첫째, 남에 대해서는 기대하지 말자. 둘째, 남을 판단하지 말자. 셋째, 남을 평가하지 말자!

내일부터는 칠석기도가 시작된다. 나는 칠석에는 대체로 '사랑'을 화두로 삼는다. 지극히 사랑하는 견우와 직녀가 1년에 한 번 만나는 것을 기념하여 만든 명절이 칠석이다. 더욱이 '사랑'이야말로 인간에게 없어서는 안 될 '밥'보다도 소중한 필수 가치이다. 사랑을 제대로 이해하고 실천할 때 인생은 행복해질 수 있다.

선승들의 논리는 참으로 단순하면서도 명쾌하다. 월하계오 선사에게 재가 제자가 물었다.

"스님, 동료들에게 사랑받고 싶은데, 저는 별로 인기가 없습니다. 어떻게 하면 사랑받을 수 있을까요?"

"그 도리를 아직 몰랐단 말이냐? 네가 먼저 그를 사랑해봐. 그도 자동으로 너를 사랑할 거야. 네가 그를 미워하면 그도 너를 미워할 것이고. 사랑도 미움도 너 하기 마련인 것을, 사랑도 미움도 모르는 이 산승한테 물으실까?!"

하기야 산에서 도만 닦은 스님이 사람들의 복잡다단한 관계를 어찌 이해하시겠는가? 더욱이 남녀 간의 문제라면 당사자가 아니면, 이해하기 힘들 경우가 많다.

그러나 복잡한 것 같아도 원리는 대체로 단순하다.

한가함을 스스로 기뻐하며
閑中自慶

복암충지(宓庵冲止, 1226~1292)

날마다 산을 보아도 자꾸만 보고 싶고

시시때때로 물소리 들어도 물리지 않네

그 모습 그 소리에 귀와 눈 맑고 상쾌해지니

소리와 빛깔 가운데서 고요함을 기르리

日日看山看不足

時時聽水聽無厭

自然耳目皆淸快

聲色中間好養恬

-《해동조계제육세원감국사가송(海東曹溪第六世圓鑑國師歌頌)》

우리나라는 워낙 산이 많다 보니 산이 보이지 않는 곳이 드물다. 앞산, 뒷산, 앞산의 옆 산, 옆 산의 뒷산, 뒷산의 옆 산, 옆 산의 건너 산, 그야말로 첩첩 산들 사이에서 그중 아늑한 곳을 찾아 마을을 이루었으니 어느 곳에 살든 산이 보이지 않는 곳은 드물다. 이쯤 되면 질릴 만도 한데, 산은 아무리 보아도 질리지 않는다.

산에 사는 사람에게 계곡물 소리도 그렇다. 들어도 들어도 물리지 않는다. 템플스테이 체험을 하러 온 사람 중에 계곡물 소리 때문에 잠을 이루지 못했다고 말하는 경우도 있지만, 그 소리에 익숙해지면 계곡물 소리보다 아름다운 음악은 없다. 산과 물소리, 보고 또 보아도 명장면이고, 듣고 또 들어도 명곡이다.

부드러운 산을 보면 불편했던 마음이 편안해지고, 기기묘묘한 바위산을 보면 상상력이 발동한다. 규칙적으로 흐르는 물소리를 들으면 시끄러웠던 마음이 조용해지고, 장쾌한 폭포수를 보면 묵은 번뇌가 시원하게 씻겨나간다.

이렇게 산과 물소리 찬양하고 보니, 부처님 말씀이 생각난다.

만약 모양으로 나(여래)를 보려 하거나, 소리로써 나(여래)를 찾는다면, 그 사람은 잘못된 길을 가는 것이니, 결코 여래를 보지 못하리라.

-《금강경》

모양에 집착하고, 소리에 집착해서는 붓다가 될 수 없다. 그러나 웨살리에 가신 부처님께서도 이렇게 감탄하셨다.

> 아난다여, 웨살리는 아름답구나. 우데나 탑묘도 아름답고, 고따마까 탑묘도 아름답고, 삿땀바까 탑묘도 아름답고, 바후뿟따 탑묘도 아름답고, 사란다다 탑묘도 아름답고, 짜빨라 탑묘도 아름답구나.
> ─《대반열반경》

어떤 좋은 것에도 집착하는 것은 옳지 않지만, 아름다움을 느끼는 것에는 부처님도 오히려 적극적이셨다.

복암 선사는 산을 보고 물소리 들으면 자연스레 귀와 눈이 맑아지고 상쾌해지기 때문에, 그 소리와 빛깔 속에서 "고요함을 기르겠다[養恬]"라고 노래한다. 산과 물소리는 선사에게 고요함을 기르는 데 도움이 되는 것이지, 집착의 대상이 아니었던 것이다.

우리 불자들은 계(戒)·정(定)·혜(慧) 삼학(三學)을 공부해야 한다. 풀어서 말하면, 우리는 바른 생활, 고요한 생활, 슬기로운 생활을 추구한다. 이 시에 따르면, 산을 보고 물소리 듣는 것이 적어도 '고요한 생활'을 만들어가는 데는 도움이 된다.

우리 현대인에게 가장 소홀해지기 쉬운 것이 '고요한 생활'이다. 고요한 생활을 하기에는 너무 바쁘기 때문이다. 조금이라도 한가하게 생활하다 보면 경쟁사회에서 도태될 수 있고, 바쁘지 않다 해도 즐길 거리가 너무 많아져서 고요해질 겨를이 없다. 고요해질 겨를이 없으면 행복해질 겨를도 없다는 것을 눈치채지 못한 채, 우리는 바쁜 일상에 쫓기고 있거나 앞서가는 경쟁자들을 좇아가고 있다.

고요해질 수 있는 너무도 손쉬운 방법이 이 시 속에 있다. 우리나라 어디에서도 쉽게 갈 수 있는 산을 찾는 것이요, 어느 산에 가도 만날 수 있는 물소리를 듣는 것이다.

스스로 성취하기를 꿈꾸어라

樂自業

해담치익(海曇致益, 1862~1942)

남의 재물을 공으로 얻으려 하지 말라
내 복이 아니면 저절로 사라지나니.
스스로의 힘으로 가업을 성취하면,
끝없이 취해 써도 영영 사라지지 않으리

莫使人財空得好
苟非吾福自爲消
乾乾吾力成家業
取用無窮永不消

－《증곡집(曾谷集)》

많은 이들이 '나의 삶은 왜 이리 고달플까' 하고 생각한다. 사람은 누구나 남들은 힘들더라도 나 자신만은 평안하기를 바라지만, 오히려 남은 편안한 것 같은데 자신만 고달픈 것처럼 느껴진다.

그러나 좋은 것일수록 쉽게 얻으려 하지 말아야 한다. 좋은 것은 누구나 원하지만, 대체로 그 수량은 한계가 있게 마련이며, 누구나 갖고 싶은 것이 누구에게나 공평하게 주어진다는 것은 불가능한 일이다. 오히려 기꺼이 내 것을 양보하는 데 '복의 균형'을 맞추는 미덕이 있을 것이다. 내 것을 양보한다는 것은 지금 받지 못한 대신 차후에 받을 권리가 생기거나, 예전에 이미 받은 것에 대한 부채 상환에 해당하지 않을까?

재물을 쉽게 얻고 싶은 마음이야 누군들 없겠는가? 예를 들면 로또복권에 당첨되는 것을 꿈꾸며 매주 복권을 사는 사람의 마음을 충분히 이해한다. 그러나 쉽게 얻은 재물은 쉽게 사라진다는 것을 우리는 명심해야 한다. 내가 지은 복덕을 쓰는 것이라면 괜찮을 수 있지만, 스스로 짓지 않은 복덕을 미리 당겨 쓰는 것이라면, 그것이 오히려 화가 될 수 있다.

열심히 일하느라 오늘이 고달프다면, 내가 지금 복을 저축하고 있다고 생각하자.

정인 스님을 떠나보내며

別正印

허백명조(虛白明照, 1593~1661)

아침에는 미묘한 덕 개심산 마루에 노닐고

저녁에는 큰 수레바퀴가 만폭폭포 언덕으로 가노라

굳세고 간절함 깊지 못해 석장 날리며 돌아와

고개 돌려 보니 석양 하늘을 견딜 길 없네

朝遊妙德開心嶺

暮徃大乘萬瀑邊

偲切未深還拂錫

不堪回首夕陽天

－《허백집(虛白集)》

옛 스님들은 도반을 만나는 것을 참으로 귀하고 감사하게 생각했던 것 같다. 도반 정인 스님이 오니, "아침에는 미묘한 덕 개심산 마루에 노닐고" 있다. 저녁때 정인 스님과 만폭폭포 언덕에서 석별의 정을 나누고 나니 아쉬운 마음 금할 길 없다.

"저녁에는 큰 수레바퀴가 만폭폭포 언덕으로 가노라."

오늘날에는 보고 싶으면 전화를 할 수도 있고 그것도 안 되면 메시지를 보낼 수도 있다. 그래서 도반이 간절하지 않은 것 같다. 혼자서도 잘 노는 나는 더욱 그렇다. 가끔 도반들을 떠올리고는 잘 있는지 안부전화를 할 때도 있지만, 마음속으로 생각하는 것으로 넘기는 경우도 많다.

정인 스님을 보내고 석장 짚으며 돌아오는 길, 뒤가 허전하여 돌아보니 석양이 한없이 붉다. 차마 그 모습 볼 수 없음이여! 선사는 아직 석별을 이기지 못하는 나약함을 탄식하지만, 그만큼 도반에 대한 정이 깊기 때문일 것이다.

옛 선사들의 따뜻한 도반애에 내 마음도 훈훈해진다. 이 시를 읽으며 떠오르는 도반에게 전화하자니 시간이 너무 늦었다.

내일 낮에 전화하기에는 또 바쁠 것이다. 그렇게 시간이 흐르면서 도반을 만날 수 있는 시간도 줄어들고 있음을 잊지 말아야겠다.

허생에게 – 입조심
贈許生

송운유정(宋雲惟政, 1544~1610)

다른 사람 장단점은 말하지 마시게
무익할 뿐 아니라 재앙을 부른다네
제 입을 지키기를 병마개를 닫듯 하면
그것이 몸 편안케 할 으뜸가는 방편일세

休說人之短與長
非徒無益又招殃
若能守口如甁去
此是安身第一方

-《사명당대사집(四溟堂大師集)》

남의 단점을 말하는 것을 삼가라는 얘기는 많이 들었지만, 장점도 말하지 말라는 가르침은 별로 없다. 그런데 수행자는 남의 장점을 말하는 것도 조심해야 하나 보다. 사명 대사는 허생이라는 이에게 남의 단점뿐만 아니라 장점도 얘기하지 말라고 한다.

당나라 석도세(釋道世)가 지은《법원주림(法苑珠林)》47권〈징과편(懲過篇)〉인증부(引證部)에 "뜻을 막기를 성곽처럼 하고, 입을 지키기를 마개 닫힌 병처럼 하라[防意如城 守口如瓶]"라는 말이 나온다. 사명 대사가 이 사자성어를 빌린 듯하다.

송나라 부필(富弼)도 80세 되던 해에 자리의 병풍에 "수구여병 방의여성(守口如瓶 防意如城)"이라고 써서 자신을 경계하였고, 주희(朱熹)는 제자들에게 이 대목을 설명하면서 "수구여병은 아무렇게나 말하지 않는 것이요, 방의여성은 외적인 유혹을 두려워함이다(守口如瓶 是言語不亂出 防意如城 是恐爲外所誘)"라고 하였고, 또 "수구여병은 함부로 말하지 않는 것이요, 방의여성은 바르지 못한 것이 안에 들어오는 것을 막는 것이다[守口如瓶 不妄出也 防意如城 閑邪之入也]"라고 하였는데, 이후 유가의 잠언(箴言)으로 전해 내려온다.(참고《주자어류(朱子語類)》105권〈경재잠(敬齋箴)〉)

수행자는 남에 대해서 왈가왈부하지 않는 것이 좋은 것 같다. 단점뿐만 아니라 장점도 말하지 않는 것이 좋다는 것이다. 왜냐하면 누군가의 장점을 말하기 위해 다른 이의 단점을 생각하는 경우가 많기 때문이다. 선거 때 자신의 장점을 부각하기 위해 경쟁자의 단점을 거론하는 것과 비슷하다. 선거 때에야 유권자들의 선택을 받기 위해 그럴 수도 있겠지만, 선거에 나서지 않는 사람으로서는 말조심하는 것이 마음이 안락해지는 길일 것이다.

실로 의사소통이 어느 때보다 중요한 오늘날 얼마나 말을 잘하느냐 어떻게 말하느냐가 성패를 좌우한다. 부처님께서 강조해 마지않으신 '바른 언어생활'을 실천해 모두모두 행복해지자.

호 장로가 한마디 말을 청하기에 답하다
賽浩長老求語

기암법견(奇巖法堅, 1552~1634)

멀리 오대산 향해 청한 한마디 말
천경만론이 대체 누구의 말이더냐
열반경의 진실한 말도 마귀의 설일진대
노승의 가벼운 혀야 더 말해 무엇하랴

遠向臺山求一語
千經萬論是誰言
涅槃眞說猶魔說
況復老僧動舌根

-《기암집(奇巖集)》

오늘도 석촌호수를 돌았다. 석촌호수를 돌다가 한 보살님을 우연히 만났다. 보살님은 거의 매일 두세 바퀴를 도신단다. 나는 고작 한 바퀴라고 말씀드렸다. 한 바퀴로는 사실 운동이 되지 않는다. 석촌호수를 도는 것은 어쩌면 육체적인 운동이라기보다는 정신운동인 것 같기도 하다. 석촌호수를 돌면서 마음의 여유를 가져보는 것이다.

한참 모든 시가 좋아 보이더니 요즘에는 또 썩 마음에 드는 시를 만나기 힘들어졌다. 좋은 시와 안 좋은 시를 분별하겠다는 마음은 없는데도, 수행하는 데 도움이 되는 시를 찾는 분별의식이 있는 것 같다.

우리 불교에서 '말', '언어'를 전면적으로 신임할 수 없다는 견해를 피력하기 시작한 것은 언제부터였을까? 초기불교에 그런 용례는 쉬 보이지 않는다. 그러나 금강경에서 "반야바라밀다는 반야바라밀다라는 이름일 뿐, 반야바라밀다가 아니다"와 유사한 즉비(卽非) 논법이 등장하면서, 언어에 대한 불교의 회의적인 시각은 줄기차게 전개되었다.

선불교의 태동도 언어에 대한 불신과 무관하지 않다. 우리가 진정으로 도달해야 할 지점은 부처님의 '말씀'이라기보다는 부처님의 '마음'이라는 점에서, 선불교는 경전이나 논서의 설명이 아닌 참선을 통한 직관적인 깨달음을 추구한다.

천경만론(千經萬論)은 '천 가지 경전과 만 권의 논서'라는 뜻인데, 온갖 경전과 논서를 망라한 것을 말한다. 기암법견 선사는 부처님께서 열반하시기 직전에 말씀하신 것과 행적을 담은《열반경》을 중시하는데, 이 선시에서는 열반경마저도 마귀의 설이라 말한다. 열반경의 말씀이 진실하지 않다는 것이 아니라 언어로 적힌 것에 얽매이지 말고 부처님의 마음을 직접 들여다보라는 충고이다.

제자들로서는 그래도 스승의 말씀을 항상 기다리게 마련이다. '호 장로'는 아마도 기암법견 선사의 후배나 제자일 것이다. 그러나 선불교의 스승들은 한결같이 '내 말'도 믿지 말라고 말씀하신다. 그럼, 어디에 의지하란 말이냐?

이 뭣고?

두 절의 스님이 소송을 화해한 것을 축하하며

奉賀兩寺僧和訟押前韵

경암응윤(鏡巖應允, 1743~1804)

겨울엔 햇빛, 여름엔 그늘 좋아하니

못이 깊어야 많은 물고기가 모이는 법

눈 밝은 통치자는 이미 백성 뜻 이해했고

맘 깊은 효자도 이제 부모 마음 훤히 알았네

마른 물의 물고기, 바다에 같이 살게 했고

싸움하는 호랑이, 숲으로 돌려보냈네

산승도 다 편안할 계책 드릴까 했으나

다만 곧은 말이 바르게 이해되지 못할까 저어하였네

冬日愛陽暑愛陰

欲令魚聚在淵深

明侯已達生民意

孝子方知父母心

將使涸鱗同處海

解來鬪虎各歸林

山僧欲效俱安策

只恐讜言不直金

-《경암집(鏡巖集)》

우리는 한쪽은 절대적으로 옳고 한쪽은 절대적으로 그른 것으로 생각하고 이판사판 싸우지만, 세간의 일이란 백 퍼센트 한쪽만이 옳고, 한쪽만이 그르지는 않다. 절집 안의 일도 분쟁이 일어나면 세속의 일과 크게 다르지 않다.

북한산 중흥사에서 합판으로 공양간을 짓고 살 때의 일이다. 임시로 쓰는 공양간이란 생각에 창문을 만들지 않고 지었더니 여름이 되자 도저히 견딜 수가 없었다. 이에 인부를 불러 창문을 내는데, 그분이 하시는 말씀이 새겨들을 만했다. "사람은 겨울에는 여름 생각 못 하고, 여름에는 겨울 생각 못 하는 법입니다."

찬바람 불 때 짓다 보니, 여름에 더워질 것은 미처 생각하지 못한 것이다. 한 사람은 겨울만을 대비하고 다른 한 사람은 여름만을 대비했다면 둘 다 그르지 않지만, 둘 다 그르기도 하다. 그런데 우리는 서로 옳다고, 상대는 그르다고 싸우기 일쑤이다.

때로는 옳고 그름이 아니라 이해관계를 놓고 다투기도 한다. 경암 선사가 알고 계시는 두 절의 스님이 이해관계가 대립되어 소송까지 벌인 것으로 보이는데, 서로 양보하여 화해한 듯하다. 이에 선사는 두 절의 스님이 화해한 것을 축하하며 시를 썼다.

두 스님의 화해는 실로 마른 물의 물고기를 바다에 살게 한 것이었고, 싸움하는 호랑이를 숲으로 돌려보낸 것이었다. 그것은 밝은 태수가 백성의 뜻을 이해한 것과 같고, 효자가 부모의 마음을 알게 된 것과 같다.

부처님 시대에 꼬삼비 지역에서 비구들 간에 큰 분쟁이 있었다. 분쟁의 발단은 사소한 것이었다. 당시 꼬삼비의 고시따 수도원에는 한 율사 스님이 5백 명의 제자를 거느리고 있었고, 다른 강사 스님이 5백 명의 제자를 거느리고 있었다. 승가의 화장실에는 인도의 전통에 따라 볼일을 보고 뒷물할 수 있도록 물통을 놓아두는데, 뒷물한 다음에는 물통을 깨끗이 비우고 엎어놓고 나와야 했다. 그런데 강사 스님이 볼일을 보고는 깜박 잊고 물통을 비우지 않고 나와버렸고, 하필이면 그다음 차례가 바로 율사 스님이었다. 율사 스님이 강사 스님을 불러세웠다.

"스님, 스님께서 물통에 물을 남겨놓으셨습니까?"

"어이쿠, 깜박 잊었습니다."

"그것이 계율에 어긋난다는 사실을 알고 계십니까?"

"그것까지는 몰랐습니다. 참회하겠습니다."

"계에는 어긋나지만, 의도적인 행위가 아니었기에 참회하신 것으로 허물이 없어졌습니다."

그러나 율사 스님은 나중에 제자들에게 "강사 스님은 계율을 범하고도 자신의 허물을 알지 못하고 있었다"라고 말했다. 이 말을 들은 율사 스님의 제자들은 강사 스님의 제자들을 만나 그들의 스승을 비난했고, 그 소식이 강사 스님에게도 전해졌다. 강사 스님은 율사 스님을 거짓말쟁이라고 비난했고, 율사 스님은 강사 스님이 계를 범했다고 공식적으로 선언했으니, 두 스승을 중심으로 양 집단은 팽팽히 맞서서 서로를 비난하는 데 혈안이 되었다.

도대체 화장실 물통을 챙기지 못했다는 그 하찮은 이유로 천 명의 비구들이 분쟁의 소용돌이에 휘말렸다는 것이 믿기지 않는다. 그러나 그 분쟁은 소박한 것이었다. 부처님께서 나서서 서로 양보하라고 했는데도 해결되지 않았지만, 신도들이 비구들의 탁발에 응하지 않자 굶주림에 지친 비구들은 금방 화해했다.

오늘날 우리 승가에도 크고 작은 다양한 분쟁이 있다. 분쟁의 세상에서 어떻게 살 것인가? 경암 선사는 두 절의 스님에게 함께 이익이 되는 길을 제시하고자 했다. 그러나 선사는 그 길을 아직 말하지 않았는데, 자신의 '곧은 말'이 두 절의 스님들에게 이해되지 못할까 두려웠기 때문이다.

두 절의 스님이 소송을 포기하고 합의한 것을 두고 경암 선사는 그 기쁨을 시로 남긴다. 분쟁의 해결은 그리 쉬운 일이 아니지만, 해결의 씨앗은, 부처님께서 《사마가마 경(Sāmagāmasutta)》에서 말씀하셨듯이, 자기 견해만 옳다는 입장을 벗어던지는 데 있다.

못이 깊어야 많은 물고기가 모이는 법, 마음을 넓고 넉넉하게 갖자. 자기 견해만 옳다는 옹졸한 입장을 버리자. 거기에 분쟁의 세상에서 바르게 사는 법, 해결의 실마리가 있다.

4
부

———

달과 산과 나무를 벗 삼아

바람과 달
風月

괄허취여(括虛取如, 1720~1789)

바위샘은 밝은 달을 맞이하고
뜰 앞의 잣나무는 맑은 바람 끌어오네
몸은 소리와 모양 속에 앉아 있어도
마음은 소리와 모양을 떠났어라

巖泉迎白月
庭柏引清風
身是坐聲色
心非聲色中

-《괄허집(括虛集)》

바위샘을 떠올려본다. 설악산의 오색약수터같이 바위의 움푹 파인 부분에 맑은 물이 고여 있다. 맑은 물에 밝은 달이 살포시 내려앉았다. 밝은 달은 푹 잠겨 있는 것 같기도 하고 물 위에 떠 있는 것 같기도 하고, 입을 굳게 다물고 있는 것 같기도 하고 함박웃음을 머금고 있는 것 같기도 하다. 그냥 바라보고 있기만 해도 마음이 저절로 고요해지는 풍경 속에서, 마당의 잣나무 한 그루가 맑은 바람을 불러와서는 어떤 교향악단도 연주할 수 없는 곡을 어떤 악보에도 없는 리듬과 가락으로 들려준다. 일찍이 인간계에는 없었을 것 같은 천상계에서나 연출될 법한 전시회 및 음악회에 탄성을 지르고 싶지만 그럴 수는 없다. 이 아름다운 연주회의 분위기를 깬다면, 보이지 않게 관람하고 있는 뭇 생명체들이 나를 용서하지 않을 것이다.

연주회가 한창 진행되고 있지만, 이 연주회는 밤새 계속될 것이기에 〈바람과 달〉이란 제목의 연주회를 연출한 바위샘을 만나 소리 없이 대화해본다.

"반갑습니다, 바위샘 님! 자기소개 좀 부탁드립니다."

"예, 저는 암천사(巖泉寺)에서 수행하고 있는 바위샘이라는 수행자입니다."

"이번에 특별한 연주회를 기획했다고요. 무대가 아주 독특합니다."

“이번 연주회의 무대는 하늘에 보름달이 떴을 때 그 보름달을
제가 초대함으로써 완성됩니다.”

“조연출자가 있다고 들었습니다.”

“이번 연주회의 조연출은 뜰 앞의 잣나무가 맡았습니다. 그는
저의 제자입니다.”

“두 분은 어떤 수행을 하고 계십니까?”

“저는 어떤 바람에도 흔들리지 않는 고요하고 단단한 마음을
단련하고 있습니다. 뜰 앞의 잣나무는 흔들리면서 온갖 바람을
받아들이는 마음을 훈련하고 있습니다.”

“당신이 무대를 만드셨다면, 뜰 앞의 잣나무는 어떤 역할을 하
셨습니까?”

“제가 무대만 만든 게 아닙니다. 달을 안은 바위샘의 모습은 무
대이지만, 바위샘에 내려앉은 달은 연주자이기도 합니다.”

“달은 무슨 음악을 연주합니까?”

“소리 없는 소리를 연주합니다.”

“좀 어렵습니다. 다시 질문하겠습니다. 당신의 제자 뜰 앞의 잣
나무는 어떤 역할을 하셨습니까?”

“뜰 앞의 잣나무는 두 가지 역할을 했습니다. 첫째는 바람을 초
대하는 역할을 했고요. 둘째는 바람에 흔들리면서 바람소리에 맞
추어 가지와 나뭇잎으로 음악을 연주하는 역할을 했지요.”

"수행자는 춤추고 노래하는 공연을 하거나 구경하는 것도 안 된다고 들었는데요?"

"부처님께서는 진리를 춤으로 표현하고 노래하는 것이나 그런 춤과 노래를 보고 듣는 것을 오히려 권장하셨습니다."

계속 진행된 인터뷰 내용을 직접화법으로 전하기에는 번거로워서 일목요연하게 정리해본다.

바위샘은 고요함의 상징이다. 고요함을 연습하는 것을 정학(定學)이라 한다. 바위샘은 정학을 중심으로 마음을 닦는 수행자인데, 그 마음은 어떤 바람에도 흔들리지 않는 확고부동한 마음이다.

확고부동하고 고요한 마음은 바른 생활을 토대로 한다. 바른 생활을 연습하는 것을 계학(戒學)이라고 한다. 바른 생활은 바위샘에 고여 있는 맑은 물로, 바른 생활을 통해서만 바위샘에 맑은 물이 고인다.

달은 지혜의 상징이다. 바위샘이 달을 받아들이는 것은, 고요한 마음속에 지혜가 깃들 수 있음을 말해주며, 마음이 고요해야 지혜로워질 수 있음을 말해준다.

뜰 앞의 잣나무는 불성(佛性)을 상징한다. 제자가 조주 스님께 여쭈었다. "달마 대사가 서쪽에서 오신 까닭은 무엇입니까?" "뜰 앞의 잣나무니라." 이 선문답에 등장하는 뜰 앞의 잣나무가 바로 오늘의 조연출자다.

뜰 앞의 잣나무는 유연하다. 온갖 바람을 그대로 받아들이면서 바람이 동쪽에서 불어오면 그 바람의 방향에 따라 가지와 이파리를 서쪽으로 향한다. 북쪽에서 불어오면 그 바람의 방향에 따라 가지며 이파리를 남쪽으로 향한다. 그렇게 유연하지만, 뿌리는 굳건하게 자리를 지키는 것도 뜰 앞의 잣나무의 특징이다. 유연함은 자비를 뜻하면서 동시에 지혜를 뜻한다.

자비와 지혜는 어디서 왔을까? 뜰 앞의 잣나무가 초대하는 맑은 바람에서 연유한다. 맑은 바람도 맑은 물처럼 바른 생활로서 계학을 상징한다. 뜰 앞의 잣나무의 지혜와 자비는 맑은 바람과 맑은 달빛과 맑은 바위샘을 배경으로 완성된다.

이를 종합해볼 때 계학을 통해 자비와 지혜가 비롯되고, 계학을 바탕으로 정학이 완성되며, 정학을 바탕으로 혜학이 완성되고, 계학과 정학과 혜학을 바탕으로 자비와 지혜가 완성된다.

델리의 레드포트에서 본 '빛과 소리의 쇼'를 잊을 수 없다. 붉은 성을 향해 다양한 색깔의 빛과 장중하고 화려한 음악이 투사되면, 관람객들은 넋을 잃는다. 아름다운 건축에 매료되었던 샤자한의 욕망이 거기 보이는 듯하고, 질기디질긴 인간의 집착이라는 진실이 아름다우면서도 처절하게 보인다.

부처님께서는 《금강경》에서 말씀하신다. "'빛과 소리의 쇼'에 속지 말아라!" 괄허 선사는 노래한다. "몸은 소리와 모양 속에 앉아 있어도/ 마음은 소리와 모양을 떠났어라!" 20대에 읽은 돈연 스님의 시집 《벽암록》에는 "노인은 한평생 밭을 떠나지 않았다. 밭을 떠나지 않았지만, 한 번도 밭에 얽매인 적이 없었다"라는 내용의 시가 있었다.

이렇게 멋진 선배들이 계시는데, 후배들은 당연히 '빛과 소리의 쇼'에 속지 않을 수 있다. 오늘 밤에는 괄허 선사가 약 250여 년 전에 기록했던 바위샘과 달과 뜰 앞의 잣나무와 맑은 바람이 연주하는 '빛과 소리의 쇼'를 관람하리라! 돈연 스님의 시 속 노인이 밭을 떠나지 않으면서도 밭에 얽매이지 않았듯이, '빛과 소리'를 마음껏 향유하면서도 '빛과 소리'에 얽매이지 않을 수 있을까?

사우정

題四友亭

괄허취여(括虛取如, 1720~1789)

달이 소나무에 앉으니 서로 벗이 되고
바람이 창에 드니 대나무와 이웃이 되고,
소나무와 바람, 대나무와 달이 함께하니
네 벗이 내 몸과 더불어 다섯 친구 되고

月榻松爲伴
風牕竹作隣
松風兼竹月
四友益吾身

-《괄허집(括虛集)》

소나무 가지를 의자 삼아 달이 살포시 앉아 있는 모습, 소나무는 아무 말 없이 달이 자신을 의지하여 편안하게 해주고, 외로운 달은 소나무를 의지하여 한참을 놀다 간다. 그렇게 둘은 친구가 되었다.

바람이 창가에 잠시 앉아 있다. 이때 대나무가 달빛에 의지하여 창가 의자에 은근슬쩍 앉았다. 바람이 대나무를 부드럽게 흔들어서 외롭지 않게 하고, 대나무는 잠시나마 바람의 노리개가 되어준다. 그렇게 둘은 친구가 되었다.

소나무도 바람을 만나 가려웠던 부위를 살짝 긁으니 솔잎 몇 개가 바람에 날린다. 대나무에게 달이 속삭인다. 달과 소나무, 바람과 대나무, 이렇게 어울리고 보니 네 벗이 죽마고우 같다. 그렇게 넷이 친구가 되었다.

네 벗이 함께한 정자에 내가 앉아 있으니, 네 벗이 말한다. "당신도 우리랑 친구 합시다!"

선사는 이렇게 달과 소나무, 바람과 대나무의 친구가 되었다. 다섯 벗의 공통점은 말수가 적다는 것, 말없이 함께 어우러진 다섯 친구는 떠날 때는 작별 인사도 없을 때가 많다. 만날 때도 미리 기별하는 일은 드물다. 기묘한 다섯 친구의 우정을 위하여 사우정(四友亭)은 기꺼이 만남의 장소가 되어준다.

수양버들

垂楊

극암사성(克庵師誠, 1836~1910)

노랗게 나와 푸르게 퍼져 가지마다 무거우니

고운 빛이 흐르는 듯한 이월 시기에

정녕 미인이 막 머리 감은 듯하고

바람결에 빗질하니 불기를 멈출 수 없네

黃抽綠展壓枝枝

嫩色如流二月時

政似佳人新沐髮

當風梳櫛不禁吹

- 《극암집(克庵集)》

겨울에 수양버들의 가지를 본 적이 있는가? 푸른 잎을 생생하게 달고 있을 때도 아름답지만, 이파리를 다 떨군 수양버들 가지도 아름답기 그지없다. 빛깔은 노랑에 가까운 연둣빛, 선사의 표현에 따르면 "노랗게 나와 푸르게 퍼져 가지마다" 무겁다. "정녕 미인이 막 머리 감은 듯", 바람이 빗어주는 머리칼은 자유로우면서도 질서정연하다.

꽃이 피는 봄이나 이파리가 무성한 여름, 단풍 드는 가을도 아닌 겨울에 나무를 알아봐야겠다는 생각을 한 적이 있다. 우리는 꽃이 피었을 때 나무를 가장 잘 알아본다. 열매가 열려야 알아보게 되는 나무도 있다. 단풍이 들었을 때 진가를 발휘해 찾게 되는 나무도 있다. 그러나 나는 꽃도 이파리도 열매도 없는 나무를 알아볼 수 있을 때 나무를 진정 안다고 할 수 있다고 생각한다.

수양버들의 생존전략은 유연성이다. 수양버들은 바람에 저항하지 않으며, 바람이 부는 대로 가지를 움직여준다. 중력에도 저항하지 않는다. 줄기는 하늘로 솟아올랐지만, 가지는 땅의 자석이 끌어당기는 대로 축 늘어진다. 자신을 내려놓음으로써 수양버들은 살아남는 것이다. 자신을 내려놓음으로써 더 아름다워지고, 자신을 내려놓음으로써 비로소 자신이 되는 것이다.

수양버들을 보면서 자신을 내려놓을 줄 아는 유연함을 배우고, 겨울 수양버들을 보면서 오직 유연함으로 모진 칼바람과 눈보라를 이겨내는 인욕바라밀을 배운다. 인욕바라밀이 곧 진정한 자신을 찾는 길임을 배운다.

홍류동에서 입에서 나오는 대로 읊다

紅流洞口呼

몽암기영(蒙庵箕穎, 17??~17??)

십리 길 홍류동의 아홉 굽이 열렸나니
계곡 따라 한가로이 나왔다가 구름 따라 돌아가는데
어떤 사람 그 흥취 이해하지 못하고
웃으며 묻네 뭐하러 왔다 갔다 하느냐고

十里紅流九曲開
趂溪閑出逐雲回
傍人不識這間趣
笑問緣何去又來

- 《몽암대사문집(蒙菴大師文集)》

홍류동은 해인사에서 내려오거나 혹은 해인사로 올라가는 계곡이다. 이 계곡은 최치원이 바위에 글을 새긴 곳으로 예부터 아름답기로 널리 알려져 있다.

몽암기영 선사는 홍류동 계곡이 참으로 좋아 시간만 나면 계곡 주위를 서성이거나 바위 위에 앉아 있거나 오르락내리락하면서 계곡물 소리와 부서지는 물살과 물 위에 비치는 하늘과 나무들을 바라보는 것이 취미였다. 이에 어떤 사람이 물었다.

"스님, 스님은 뭐 하려고 계곡을 왔다 갔다 하시는지요?"

세상에는 낭만 따위는 쓸데없는 것이라 생각하는 이가 옛날에도 있었던 것 같다. 이 시에는 나오지 않았지만, 몽암기영 선사는 이렇게 말씀하시지 않았을까?

"아무것도 하지 않는 것이 저의 일입니다."

황산 산거

黃山山居

몽암기영(蒙庵箕穎, 17??~17??)

오래도록 도시의 탁류 보는 일 없고

세속 떠난 산중생활 참으로 좋아라

스님이 늙으니 학과 소나무도 함께 늙고

집이 새로워지니 경치와 달빛도 새로워라

물은 바위 시내 따라 일천 거문고 연주하고

꽃은 구름 처마에 지며 하나의 봄을 춤추누나

문에서 강물 조수 마주하여 계속 읊고 싶은데

시로써 나를 일으킬 이 과연 누구일까

久來無見市城流

却喜山居隔世塵

僧老鶴兼松樹老

軒新境與月光新

泉沿石澗指千瑟

花落雲簹舞一春

門對江潮韵欲繼

不知起予有何人

-《몽암대사문집(蒙庵大師文集)》

산중불교는 부처님 뜻이 아니지만, 선불교가 산중불교를 지향한 이래, 우리 출가자들은 대체로 산중생활을 동경하는 경향이 있다. 산중생활 참 좋다. 그러나 부처님은 아무리 좋은 곳일지라도 안주하지 않으셨다. 어쩌면 산중생활이 좋을수록 일정 시간이 지나면 그곳을 벗어나야 할 것이다.

그래도 산중생활에 취해 계시는 몽암기영 스님에게는 풍류가 있다. 그는 자신이 늙은 것을 한탄하지 않는다. 오히려 학과 소나무와 함께 나이 들어가는 것이 즐겁다. 그는 낡은 것을 좋아하지만, 대신 집만은 고쳐서 새것으로 만든다. 그랬더니 지붕 위로 올라오는 달도 새로워지고, 방문을 열면 보이는 풍경도 새로워진다.

얼마나 멋진 풍광인가? 어찌 눈으로 보는 풍광뿐이겠는가? 귀로 듣는 소리도 황홀하기 그지없다. 물은 일천 거문고를 연주하는데, 어떤 거문고도, 거문고가 아닌 다른 현악기인 가야금도 비파도 바이올린도 비올라도 시타르도 물이 연주하는 거문고 아닌 거문고 연주를 따라오지 못한다. 문득 영화 〈일 포스티노〉의 주인공이 칠레 시인 파블로 네루다에게 네루다가 망명할 때 머물렀던 이탈리아 변방의 아름다운 물소리를 녹음하여 보내는 장면이 떠오른다. 우리나라 산천의 물소리는 이탈리아 변방 바다의 파도소리와는 비교되지 않을 정도로 낭랑하고 청정하고 상쾌하다.

꽃이 구름의 처마에서 지면서 봄을 춤추고 있다. 이 구절을 읽

으면서 내 마음도 저절로 춤을 춘다. 이런 풍류라면 산에서 살
만하지 않은가? 선승은 마음속에서 저절로 솟아오르는 시를 주
체할 수 없을 정도로 낭만에 취한다. 그러나 시도 화답하는 이가
있어야 재밌있나 보다. 선승은 탄식한다. 자신의 시에 시로 화답
할 이가 과연 어디에 있는지? 아무도 없기에 선승은 계속해서 학
과 소나무와 계곡물과 바위와 꽃과 이끼와 구름과 시를 주고받
는다.

　"시로써 나를 일으킬 이 과연 누구일까?"

마음가짐

持心

무경자수(無竟子秀, 1664~1737)

크고 넓은 바다를 보아라

무릇 낮은 자리에 있지만

만물이 함께 만남에 온갖 물결 받아들이고

넓고 아득하여 천 개의 시내가 장구하도다

試觀滄海大

盖以在卑然

朝宗容萬派

浩淼長千川

－《무경실중어록(無竟室中語錄)》

바다는 지구에서 가장 낮은 곳에 위치하고 있다. 모든 물이 낮은 곳으로 더 낮은 곳으로 흘러 가장 낮은 곳에서 만나니, 그것이 바다이다.

이제 음력으로도 한 해를 정리하고 새해를 맞이하기 직전에 크고 넓은 바다를 떠올린다. 참으로 그렇다. 모든 것이 바다를 향해 가고 있다는 느낌이다. 수많은 계곡과 강물이 제각기 다른 길을 가는 것 같지만, 그 길이 결국에는 바다로 가는 길이었듯이 우리가 가는 길은 모두 열반과 해탈의 바다로 가는 길일 것이다.

대웅전에 올라 세상의 넓고 큰 바다를 바라본다. 사방 어느 곳으로도 세상은 막힌 곳이 없다. 가슴 넓은 탁 트인 성인(聖人)의 마음과 같다. 잠시 솟아오른 건물들의 업장은 허허 웃어넘긴다. 그 업장이란 거북이도 쉬 넘어갈, 장애에도 끼지 못하는 등산길에 속도를 잠깐 늦춰주는 난코스 정도라고나 할까.

그렇게 우리는 한해 한해 세월이라는 장애물을 넘어 한층 더 바다로 가까이 가고 있는 것이 아닐까 생각해본다.

바다! 실로 바다는 우리 앞에 펼쳐진 모든 공간 중에서 가장 낮은 곳에 있지만, 그 누가 바다를 낮다고 하리? 낮은 자리에 있어서 모든 것을 받아들이고, 모든 것을 받아들여 어머니보다도 넓은 포용력으로 세상의 질서를 순환시키는 바다를 어떻게 낮다고 하리?

매일매일이 특별한 날, 아주 보통의 상상력으로 바다를 떠올린다. 나도 우리도 그 바다로 가고 있음을 깨닫고, 그 길을 혼자가 아니라 함께 가고 있어서 행복하다는 것을 깨닫는다. 작은 시련일랑 '함께하기에' 충분히 이겨낼 수 있다. 슬픔도 아픔도 마하반야바라밀! 일곱 자에 녹여버린다. 기쁨도 행복도 마하반야바라밀! 일곱 자에 녹여버린다. 그 모두를 녹여서 바다에서 하나가 되어 만난다.

가을날에 인(忍) 스님에게 보내다

秋日寄呈忍尊宿

백곡처능(白谷處能, 1617~1680)

서리가 단풍 숲에 내리니 잎이 붉게 물들었어라

주렴 너머 안개가 가볍고 계곡에선 바람이 놀고 있다

다정하여라, 가장 아끼는 황혼 녘 달이

적막한 속에 숨어 사는 이를 애써 찾아와 비추네

霜着楓林葉盡紅

隔簾輕靄小溪風

多情最愛黃昏月

來照幽人寂莫中

－《대각등계집(大覺登階集)》

9월인데도 가을이 영 올 것 같지가 않다. 옛 선사가 쓴 가을냄새 물씬 풍기는 시 한 편으로 가을을 숨 쉬어본다.

서리가 단풍 숲에 내리니 잎이 붉게 물들었다. 그 모습이 눈에 선한데, 주렴 밖에는 산들거리는 안개요, 계곡에선 바람이 놀고 있다. 참 한가하지만, 좀 쓸쓸한 것 같기도 하고, 그래도 괜찮은 것 같은 풍경이다.

그러나 다음 구절에서 우리 마음을 사정없이 열려버린다.

"다정하여라, 가장 아끼는 황혼 녘 달이

적막한 속에 숨어 사는 이를 애써 찾아와 비추네."

그날 밤 황혼 녘 달은 다음 날 아침까지 밤새도록 선사와 차담을 하였다.

가을밤 홀로 앉아서

秋夜獨坐

백암성총(栢庵性聰, 1631~1700)

가을밤 돌 침상에 앉아 있는데
이슬은 차가운데 벌레소리는 따스해라
사방은 고요하고 인적도 없을 때
빈 처마로 밝은 달빛이 들어오누나

秋夜坐石牀
露冷虫暄急
四壁悄無人
虛簷明月入

-《백암집(栢庵集)》

가을밤, 차가운 돌 침상에 앉아보았다. 오래 앉아 있으면 건강에 좋지 않겠지만, 차가운 감촉이 머리를 맑혀주기도 한다. 이슬은 차갑지만, 가을벌레 소리는 따뜻하다. 이슬은 가을벌레의 음료수가 되고, 이슬 마시고 힘을 낸 벌레들은 크지 않은 노래를 우리 삶의 배경음악으로 깔아준다.

산승이 홀로 지키는 산사는 고요하기 이를 데 없다. 오직 선승 혼자서만 적막한 산을 지키고 있다. 그때였다. 달님이 살며시 사립문을 열고 들어온다.

"스님, 계십니까?"

스님이 대답한다.

"아무도 없는데요."

달님이 말한다.

"스님, 계셨군요."

"아무도 없다니까요."

"잘됐습니다. 빈집이군요. 빈집 지키면서 아침까지만 쉬었다 가겠습니다."

단언컨대, 달님과 대화를 나누는 사람은 행복하다. 이 글을 읽는 독자들은 이제 달님과 대화를 나눌 테니 행복한 일이다.

한가한 중에 우연히 쓰다
閑中偶書

복암충지(宓庵冲止, 1226~1292)

암자는 천 개의 봉우리 안에 있어

깊고 그윽할 뿐 이름도 없어라

창을 열면 다가서는 푸른 산빛

문을 닫으면 스며드는 개울물 소리

庵在千峰裡

幽深未易名

開窓便山色

閉戶亦溪聲

-《해동조계제육세원감국사가송(海東曹溪第六世圓鑑國師歌頌)》

여기는 깊은 산중의 암자, 천 개의 봉우리 사이에서 하나의 점을 찍고 들어서니, 작은 암자가 천 개 봉우리의 중심이 되었다. 깊고 그윽할 뿐 이름도 없는 암자, 이름 없는 스님이 앉아서 선정에 잠겨 있다.

창을 열면 다가서는 푸른 산빛, 이 대목에서 감동도 함께 다가온다. 창을 열고 밖을 이윽히 바라보는 스님과 스님의 얼굴을 가만히 들여다보는 산이 마치 대화하는 듯한 느낌이다.

더 감동적인 부분은 다음이다. 문을 닫으면, 그저 적막이 아니라, 문틈으로 살며시 들어오는 개울물 소리! 이것이 낭만이 아니고, 참 즐거움이 아니고, 진정한 아름다움이 아니고 그 무엇이겠는가?

오늘은 창문을 열고 푸른 산빛을 눈에 담아본다. 개울물 소리에 몸의 리듬을 맞추어본다.

귀뚜라미

促織

월하계오(月荷戒悟, 1773~1849)

귀뚜라미가 박잎에 매달려 있을 때

어둠을 헤엄치는 반딧불이 대숲을 뚫는다

가을벌레가 이처럼 천변만화하니

천지가 참 공평한 마음이로구나

促織懸瓠葉

流螢穿竹林

秋虫同萬化

天地有公心

- 《가산고(伽山藁)》

가을에는 습도가 낮아지고 공기도 맑아져서 풀벌레 소리가 훨씬 맑게 들린다. 그래서 어떤 사람은 가을에만 귀뚜라미가 운다고 생각하지만, 벌레들이 가을에만 우는 것은 아니다.

산에서 홀로 사는 선승은 매일 아침 참선에 들어 새소리와 벌레소리를 구분하곤 한다. 그 종류를 세어보니 새소리는 수백 가지요, 벌레소리는 수천 가지다. 선승에게는 매일 음악을 들려주는 벌레들이 마치 한 식구처럼 느껴지기도 한다.

이 시를 가만히 음미해보자. 귀뚜라미가 박잎에 매달려 있는 모습이 보이고, 어둠을 헤엄치는 반딧불이가 대숲을 횡단하는 모습이 마치 밝고 얇은 형광펜으로 선을 긋는 것 같다. 어찌 귀뚜라미와 반딧불이만이겠는가? 사실은 이름을 모르는 벌레들이 가을교향곡과 가을합창곡 또는 합창교향곡을 마음껏 불러제끼고 있을 것이다.

"천지가 참 공평한 마음이로구나!"

이 구절을 오래 생각해보았다. 그러고 보면 가을벌레는 땅에서 우는 듯 보이기도 하고, 반딧불이처럼 하늘에서 활약하는 듯 싶기도 하다. 천지가 그야말로 하나로 어우러져 있다. 그러니 천지는 참 공평한 마음인 게다.

올 가을엔 무엇을 할까?

시를 한 편 써보는 것은 어떨까? 잘 쓰려고 하지 말고, 솔직하게 쓰려고 해보자. 솔직하게 시를 쓰려고 하다 보면 귀뚜라미 노래가 들릴 것이다. 서울 도심에서는 기대하기 어렵지만, 혹시 모른다. 반딧불이가 스으윽 석촌호수 주변 화단을 가로지를지도.

우연히 쓰다

偶題

월하계오(月荷戒悟, 1773~1849)

바다와 산을 본래 집으로 삼고
바람과 달을 새 이웃으로 더해
넝쿨 침상 위에 높이 누웠더니
작은 새들이 새봄이라 알리네

海山爲本宅
風月忝新隣
高臥蘿牀上
小禽報元春

-《가산고(伽山藁)》

나는 바다를 집으로 삼아보진 못했다. 산은 어렸을 때부터 집이나 마찬가지였다. 워낙 산골에서 살다 보니, 산이 놀이터였던 것이다. 바람은 이웃이라기보다는 한 식구였던 것 같다, 달은 가까운 것 같으면서도 가까이하기에 먼, 흠모하는 먼 친척 같았다.

선승에게는 산과 바다가 집이요, 바람과 달이 이웃이다. 온통 집인 산에 넝쿨 침상 하나 놓고 누웠더니 글쎄, 작은 새들이 뭐라고 재잘거린다. 잘 들어보니, 이렇게 말하는 것이었다.
“새봄입니다, 새봄입니다, 새봄!”
“새봄입니다, 새봄입니다, 새봄!”
“새봄입니다, 새봄입니다, 새봄!”

죽원

竹院

청허휴정(淸虛休靜, 1520~1604)

국화가 이슬방울 눈물짓는 날
단풍잎 나부끼는 그야말로 가을하늘
새는 잠들어 모든 산이 조용한데
달이 밝아 사람은 잠을 못 자네

黃花泣露日
楓葉政秋天
鳥宿群山靜
月明人未眠

- 《청허당집淸虛堂集》

어둠을 부정적인 것으로 몰다 보면 어둠은 아예 필요 없는 것으로 착각할 수 있다. 그러나 그렇지 않다. 어둠도 우리가 살아가는 데 꼭 필요한 것이다. 옛 선사도 달이 너무 밝아서 주무시지 못하지 않으셨는가. 오늘날 대도시에서 인간이 만들어낸 불빛은 달빛처럼 은은하지 않고 자극적이기까지 한데, 그런데도 잘 자는 현대인들은 참 신통하기도 하다.

국화가 이슬방울로 눈물짓는 날, 붉은 단풍잎과 푸른 가을하늘이 기가 막히게 조화를 이룬 날, 새들도 잠들어 모든 산이 조용하다. 바로 이런 날, 창호문 사이로 방 안을 밝게 들여다보는 달빛 때문에 선사는 잠을 이루지 못하고 있다.

그럴 때는 어김없이 좌선하면서 달빛을 온몸으로 받아들여야 할 것이다.

참 아름다운 가을이다.

소나무 있는 집

松堂

득통기화(得通己和, 1376~1433)

석 달 겨울 흰 눈 속에 홀로 푸르르니
집주인의 마음도 더불어 깨끗해지네
고요하고 맑고 느긋한 향내 화로를 채우면
추위에 떨던 가지 위로 밝은 달이 내다보네

森森獨翠三冬雪
堂上主人心愈潔
闃寂清閑香一爐
耐寒枝上邀明月

─《함허당득통화상어록(涵虛堂得通和尙語錄)》

마당에 소나무 한 그루가 있는 암자를 상상해본다. 언제나 그 자리에서 한 발짝도 움직이지 않는 소나무! 문을 열면 소나무가 "안녕" 하고 인사하지만, 스님이 대꾸하지 않아도 소나무는 토라지지 않는다. 가끔 무겁게 이고 있던 눈을 툭 떨어뜨리는 소리에 문을 열면, 소나무는 아무 일 없다는 듯이 시치미를 뚝 뗀다.

그런 소나무 한 그루 '데불고' 사는 것도 괜찮을 것 같다. 광명 금강정사에 살 때 문만 나서면 늘 금송 한 그루가 맞이해주었다. 언제나 한결같은 표정, 한 발짝도 움직이지 않는 그의 자세는 삼매에 든 수행자 같았다.

"저 소나무의 마음이 곧 참선하는 마음이지!"

소나무 그림자가 비치는 고요한 방 안의 화로에서 '느긋한 향내'가 풍겨올 때 추위에 얼어붙은 소나무 가지 위로 밝은 달이 떠오르는 그 풍경이 바로 극락의 풍경이다. 《아미타경》의 극락은 온갖 보석이 반짝이는 곳으로 묘사되지만, 그것은 비유일 뿐이다. 나는 극락이란 이렇게 소나무와 눈과 까치와 바람이 만드는 풍경 사이로 달이 흐뭇한 미소를 지으면서 올라오는 곳이라고 생각한다.

나와 눈이 마주친 달이 가지에 앉아 있는 눈을 살짝 밀어서 떨어뜨리기라도 한다면, 나는 화답하리라. 아니, 나는 달에게 물으리라. 아니, 눈에게 물으리라. 아니, 소나무에게 물으리라.

이 뭣고?

초승달

初月

극암사성(克庵師誠, 1836~1910)

사랑스레 보나니 옛 친구의 편지 받은 듯
험하고 어두운 길 겨우 지나 내 방안을 비추네
먼 강 바다 언덕을 외로이 넘고 넘어
가늘어도 밝게 북두칠성을 흩뜨리네
미인의 눈썹을 그리려는가 거울을 열어보니
고래가 토한 낚싯바늘이 꼬랑지에 걸렸네
너와 함께 시를 읊으며 매화 아래 앉으니
맑은 빛이 병든 나를 일으켜 세우는구나

愛看如得故人書
纔破昏衢照索居
孤且迥分江海岸
纖猶明散斗牛墟

蛾成眉畫開粧鏡

鯨吐釣鉤掛尾閭

伴爾吟詩梅下坐

淸輝解起病餘余

- 《극암집(克庵集)》

초승달과 함께 이렇게 놀 수 있다니! 초저녁에만 잠깐 만날 수 있는 초승달, 낮에도 떠 있지만 바쁘다 보면 발견하지 못하고, 주위가 너무 밝아서 사실은 잘 보이지 않고, 어두워질 무렵부터 선명하게 보이기 시작하는 초승달! 선사는 그렇게 잠깐 만날 수 있는 초승달과 마주하는데도 마치 오랜만에 죽마고우를 조우한 것처럼 설레고도 반가운 마음을 멋들어지게 표현했다.

나는 최근에 언제 초승달을 만났던가? 스마트폰 앨범을 살펴보니, 올해 정월 초사흗날과 이월 초나흗날 찍은 사진이 있다. 초승달을 보고 심마니가 산삼을 만난 것처럼 반가웠지만, 나와 초승달의 만남은 사진 몇 컷 찍는 것으로 끝났다.

다시 찾아오는 초승달을 어떻게 맞이할 것인가? 이 시는 초승달 활용법을 친절하게 전해준다. 첫째, 초승달을 옛 친구의 편지처럼 반가워하는 것이다. 오늘날처럼 이메일이 있거나 우체국을 통해 편지를 신속하게 배달하는 시스템이 없던 시대에 친구의 편지가 얼마나 반가웠겠는가? 그것은 편지라기보다는 구절양장의 산길을 걸어걸어 온 친구와 한가지다. '먼 길 와주어서 참으로 고맙네!' 이런 마음으로 초승달을 맞이하는 것이다.

둘째, 초승달의 이미지에 흠뻑 취해보는 것이다. 초승달의 이미지는 미인의 눈썹을 닮았다. 원만하면서도 가늘고 부드러우면서도 가냘프다. 거울을 여니 그 속에 초승달의 눈썹이 마치 그림처럼 그려져 있다고 상상해보자. 한참 들여다보아도 싫증나지 않으리라. 초승달의 눈썹 이미지가 아련한 감동을 준다면, 고래가 토한 낚싯바늘 이미지는 미소를 자아낸다. 고래는 북두칠성이고, 낚싯바늘은 초승달이다. 초승달이 북두칠성 끄트머리에 살짝 걸려 있는 모습을 "고래가 토한 낚싯바늘이 꼬랑지에 걸렸네"라고 노래했으니 이 대목에서는 부드러운 미소를 지어도 좋겠지만, 파안대소하면 더욱 좋겠다. 미소를 짓든 파안대소를 하든 그 이미지를 감상하는 마음은 한결 건강해진다.

나는 아직 초승달을 이렇게 멋지게 영접해보지 못했다. 또한 초승달이 자아내는 풍경을 이토록 정감 있게 그려낸 시도 보지 못했다. 바야흐로 영상의 홍수 시대이지만, 선사가 묘사한 영상미를 창출할 크리에이터는 없을 것 같다.

물론 시인들의 감성을 자극한 초승달은 많았다. 초승달을 박성우는 "어둠 돌돌 말아 청한 새우잠"(〈초승달〉)이라 표현했고, 박태일은 "하늘 천막에 그은 빗금"(〈초승달〉)이라 표현했으며, 나희덕은 "달 저편에서 말을 건네는 손"(〈초승달〉)이라 느꼈고, 김경미는 "검은 코뿔소를 끌고 가는 외뿔"(〈초승달〉)로 보았으며, 이기철은 "초승달을 바라보면서도 글썽이지 않는 사람은/ 인생을 모르는 사람이다"라고 선언했다. 모두 초승달에 대한 탁월한 시적 표현이자 해석이지만, 현대의 시인들은 초승달을 친구로 만들지 않았다.

셋째, 초승달과 시를 나누는 친구가 되는 것이다. 금강선원의 혜거 스님이 《선종영가집》을 강의하면서 "시야말로 최고의 풍류이다"라고 말한 적이 있는데, 나도 전적으로 동의한다. 초승달과 북두칠성과 견우성이 자아내는 천상의 영상미 앞에서 어찌 시가 없으랴! 선사는 초승달과 함께 매화나무 아래 앉아 시를 읊는다. 이만한 풍류가 어디 있으며, 매화꽃 그늘에 마주 앉은 초승달보다 더 훌륭한 시인이 어디 있으랴! 초승달을 이렇게 맞이한다면, 이토록 아름다이 맞이할 수 있는 여유와 낭만과 사랑이 있다면, 그에게 어떤 탁한 기운이 깃들 수 있겠는가. 선사는 말한다.

"맑은 빛이 병든 나를 일으켜 세우는구나!"

달과 만나면서 느끼는 점은 달은 참 외로운 이미지라는 것이다. 달이 동행이 있는 것을 본 적이 있는가? 달이 누군가를 만나 오순도순 얘기 나누는 이미지로 비친 적이 있는가? 초승달이든 반달이든 보름달이든 그믐달이든 달은 오직 혼자서 동쪽에서 서쪽으로 간다. 참으로 묵묵하게, 무수한 별이 말을 걸어도 아랑곳하지 않고, 달은 제 갈 길을 간다. 그 달을 안방에 앉혀놓고 얘기를 나누며, 그 달과 매화 아래 마주 앉아 시를 나누는 이는 선사밖에 없으리라. 극암 선사에게 배운 대로, 나도 다음에 초승달을 만나면, 달처럼 외로운 수행자로서 봄꽃 아래서 함께 시를 나누어 보리라!

5 부

그리움은 인생을
아름답게 만드는
영묘한 약

고향을 그리다

鄕思

청매인오(青梅印悟, 1548~1623)

흰머리의 생애가 쑥대로 구르는데

하늘 남쪽 가을 생각 기러기에 부쳐보네

가을바람 비를 불어 간밤에 지나더니

끝도 없는 푸른 산이 한없이 붉구나

白首生涯轉若蓬

天南秋思寄歸鴻

西風吹雨過前夜

不盡靑山無限紅

－《청매집(青梅集)》

가을은 옛 선사에게도 쓸쓸한 계절이었을까? 삭발한 스님으로서는 흰머리를 의식하지 않을 수도 있을 것 같은데, 선사에게도 가을이 쑥대로 구르는 흰머리의 계절로 느껴진다.

승가대 시절, 대학원장 보각 스님께서 자꾸 빠지는 머리에 대해 말씀하시면서 어느 날 상좌 중 한 명이 스님에게 이렇게 말했다고 해서 웃은 적이 있다.

"스님, 스님은 머리 빠지는 것 걱정하지 않아도 되지 않습니까? 어차피 삭발하는데 머리 숱이 적으면 편한 거 아닙니까?"

보각 스님이 다음과 같이 농담을 하셨다.

"그래? 그럼, 네놈 삭발하기 좋게 지금 네 머리 싹 뽑아버리자!"

그렇다! 솔직히 말해 스님들도 늙는 것이 반갑지 않다.

'흰머리의 생애가 쑥대로 구른다'는 것은 그만큼 나이가 들었다는 것을 뜻한다. 그렇게 꽉 찬 나이가 되자 선사는 오히려 낭만적인 생각을 한다. "하늘 남쪽 가을 생각 기러기에 부쳐보네." 기러기는 바로 떠나지 않는다. 북쪽 추운 지방에 사는 기러기들은 겨울이 오면 지금 살고 있는 것보다 조금은 따뜻한 우리나라나 중국, 일본 등지로 날아가 겨울을 나고 떠난다. 그러니 가을 생각을 부친들, 그 소식이 어딘가로 가려면 한 계절은 훌쩍 보내야 한다.

그럼 기러기에게 어떤 소식을 전할까? 바로 '한없이 붉은 산'의 모습이다. '붉은 산'은 '붉은 산'이 아니라 원래는 '푸른 산'이었다. 푸른 산이 하룻밤의 가을비를 맞더니 가을비가 물감이었다는 듯이 색깔을 바꾼 것이다. 그 소식을 전하면 기러기의 고향에서는 뭐라고 할까?

가을이 오면, 온 산에 단풍이 들면, 벗들이여! 이 시를 생각하자! 기러기의 날개에 편지를 보내는 선사의 마음을 생각하자!

나는 느끼련다. 단풍이 선명해지면, 사백몇십 년 전에 청매 선사께서 기러기 편으로 부친 가을 생각이 시베리아에서 푹 익어서 오늘에야 도착했다고!

그리운 고향

思鄕

추파홍유(秋波泓宥, 1718~1774)

높은 산에 오래 박혀 살면서도
매인 생각 어찌 그리 바쁜가
강 건너 북쪽 고향은 멀기만 하고
남쪽 하늘 아래 세월은 길어지네

嶺中淹滯久
羈思一何忙
渭北鄕關遠
天南歲月長

찾는 이 없어 자리엔 먼지 가득하고
활짝 핀 꽃 그림자 연못에 잠겼네
요새는 돌아가는 기러기도 없나

문간에 기대어 괜히 애만 끓이네

客稀塵滿席

花發影沉塘

近日無歸鴈

倚門空斷腸

-《추파집(秋波集)》

옛 선사들은 의외로 고향을 그리워했던 것 같다. 어쩌면 고향에 가기가 쉽지 않아서일 것이다. 오늘날 같으면, 고향이 북한에 있거나 외국이 아니라면 단 하루 만에 다녀올 수 있으니, 그토록 그리워한다는 것이 우스꽝스러울 수도 있다. 그러나 옛날에는 대부분 며칠은 걸려야 하는 고향길을 다녀오기가 쉽지 않았을 것이다. 더욱이 출가한 몸으로 고향을 찾는 것은 더욱 어려웠을 터이다.

선사는 자신의 마음을 가만히 들여다본다. 높은 산에 있으면서도 생각은 끊임없이 요동친다. 북쪽에 있는 고향에도 가고 싶다. 고향에 가고 싶은 것은 산사가 적적해서이기도 하다.

찾는 이가 없으니 차담실엔 먼지만 자욱하고, 연못 주위의 꽃도 심심하여 물 속으로 들어가 그림자가 되었다. 깊은 산이어서일까? 기러기도 보이지 않는다. 기러기가 온다면 청매인오 선사처럼 북쪽 고향으로 보내는 편지를 보내련만.

> 흰머리의 생애가 쑥대로 구르는데
> 하늘 남쪽 가을 생각 기러기에 부쳐보네
> 白首生涯轉若蓬
> 天南秋思寄歸鴻
>
> ─청매인오(靑梅印悟, 1548~1623), 〈고향을 그리다[鄕思]〉에서

그러고 보니 선사에게 고향은 고향이 아니다. 그에게 고향은 그가 수행을 통해 진정으로 도달해야 할 목표에 해당한다.

우리는 우리가 추구하는 목표 앞에 간절해질 필요가 있으며, 한편으로 무심해질 필요도 있다. 간절한 것은 정성이며, 무심해지는 것은 무집착이다. 정성과 무집착이 만날 때 마침내 목표는 이루어진다.

화장암에 묵으며 풍계화상을 만나

宿華莊庵遇豊溪和贈

추파홍유(秋波泓宥, 1718~1774)

자네는 어느 산에서 왔는가

나는 황악산에서 왔다네

서로 만나 한바탕 웃노라니

가을빛이 뜰 안 회화나무 속으로 든다

君自何山至

我從黃嶽來

相逢成一笑

秋色入庭槐

－《추파집(秋波集)》

화장암(華莊庵)이 어디에 있는지는 잘 모르겠다. 한자가 다른 화장암(華藏庵)은 울산과 충북 단양, 경북 문경 등에 있다. '莊(장)'이 꾸민다는 뜻도 있으므로 두 화장암은 같은 절인 것 같다.

황악산은 직지사가 있는 산이다.

추파홍유 스님은 직지사를 거쳐 화장암에서 묵고 계신다. 그때 풍계(豊溪) 화상을 만난다. 서로 잘 아는 사이는 아니었던 것 같다. 두 사람은 선승답게 선문답을 한다.

추파홍유: 자네는 어느 산에서 왔는가? 나는 황악산(黃嶽山)에서 왔다네.
풍계화상: 예. 저는 자궁산(子宮山)에서 왔습니다.
추파홍유: 허허, 이 사람 제법일세그려!

서로 마주 보며 한바탕 웃는다. 그때 가을빛이 막 뜰 안 회화나무 속으로 파고 들어가고 있다.

"가을빛이 뜰 안 회화나무 속으로 든다[秋色入庭槐]"라는 구절에서 정신이 번쩍 든다. 나무가 가을빛을 받는 것이라기보다는 가을빛이 나무 속으로 들어간다는 표현이 마음에 신선한 자극을 준 것이다. 같은 현상일지라도 다른 각도에서 바라보는 것, 거기에 시의 묘미가 있다.

　'가을빛이 회화나무 속으로 들어가는 것', 이 단순한 현상 속에 진리가 있다. 자연의 어떤 조화도 그냥 이루어지는 것은 없고, 연기(緣起)의 법칙 속에서 어김없이 아름답고 조화롭게 이루어지고 있기 때문이다. 그래서 단순한 현상에 대한 묘사가 곧 진리에 대한 상징이 되는 것이다.

어느새

不覺

설잠(雪岑) 김시습(金時習, 1435~1493)

어느새 일 년이 지나가

가을 맞자 또 겨울이네

청산을 벗으로 삼아서

초가집에 길게 늘어지니

고요한 밤, 바람이 댓잎에서 일어나니

차가운 뜰, 달이 소나무에 걸렸네

선방에서 일 없음 좋아하여

공부도 잊고 말뚝처럼 앉아 있누나

不覺一年過

逢秋今又冬

靑山爲伴侶

茅屋長踈慵

夜靜風生竹

庭寒月掛松

禪房愛無事

非學坐如椿

-《매월당전집불교관계시문초(梅月堂全集佛敎關係詩文抄)》

설잠 스님의 삶을 어떻게 평가해야 할까? 그는 대단한 천재였지만, 스스로 불의라고 판단한 길에는 절대로 합류하지 않았다. 불의에 합류하지 않기 위해 뛰어든 출가생활, 스님으로서 크게 인정받았지만, 스승으로서는 큰 역할을 하지 않고 말년에는 환속한 채로 세상을 떠났다.

설잠 스님이 남긴 선시는 그의 경지를 잘 말해준다. 욕심을 버린 채 어떤 것에도 자유로운 선승의 면모가 시 속에 가득 담겨 있다.

또 겨울이다! 겨울이 되면 조금 들뜬 마음이 차갑게 식는 느낌이다. 여름에는 뜨거운 열기로 소독하고, 겨울에는 차가운 얼음으로 소독하면, 수행에 한결 도움이 된다.

수행할 수 있는 환경이면 되는 것을 무엇을 더 바라랴. 설잠 스님은 능력이 출중한데도 불구하고 굳이 일을 도모하지 않았다.

요즘 생각이 좀 많았음을 반성한다. 나에게 주어진 일은 무엇이든 최선을 다하겠지만, 내가 꼭 하지 않아도 되는 일을 하려 애쓸 필요는 없다는 생각이 든다.

설잠 스님을 배우자!

은신암에서 눈을 읊다

隱身庵咏雪

경암응윤(鏡巖應允, 1743~1804)

은빛 산 아래에서 발을 묶고
마음을 보니 신선 세계 열렸네
빈 창에 흰 솜이 날아 춤추고
깎아지른 골짜기에 소금 쌓였네
솔은 하얗게 덮여 늙어가고
대는 푸른빛 묻혀 솟지 않았네
건곤의 조화도 무궁할사
마른 나무에도 꽃이 피었구나

禁足銀山下
觀心玉府開
虛窓飛絮舞
斷壑積鹽頹

戴白松應老

埋靑竹未胎

乾坤多造化

枯木放花來

–《경암집(鏡巖集)》

선사는 발길을 끊으려고 눈 쌓인 산에 든다. 눈을 핑계로 세상에 발길을 끊어보려 한 것이다. 막상 암자에 들어선 선사는 깜짝 놀란다. 눈앞에 펼쳐진 풍경은 암자가 아니라 궁궐, 그것도 새하얀 백옥으로 지은 궁궐이었다.

빈 창가엔 함박눈이 훨훨 춤추듯이 날고, 골짜기를 뚝 끊어놓은 눈은 소금산처럼 무너진다. 소나무는 머리에다 흰 눈을 인 채로 폭삭 늙어버렸다. 푸른 대나무는 눈에 덮여서 마치 어머니 뱃속으로 들어간 것 같다.

그래도 하늘과 땅은 참 조화롭다. 완전히 말라버린 것 같은 나뭇가지에서 흰꽃이 피고, 흰꽃은 바람이 스칠 때마다 바람에게 살점을 떼어내주면서 희한하게도 보석이 된다.

나는 이런 낭만적인 시를 별로 써본 적이 없다. 이제는 이런 낭만에 푹 젖어보고 싶다. 아니, 젖어보아야겠다. 우리 출가자야말로 누구보다도 낭만적일 수 있는 최적의 환경이 가까이에 있다.

동짓날 밤

至夜

무경자수(無竟子秀, 1664~1737)

인간세계는 동지의 절기요

천상에는 보름달이 뜬 때

진정 지혜의 눈을 뜰 만하고

완전히 기틀을 드러내기에 제일 좋구나

없다는 구절은 마땅히 낮이 되어야 옳고

있다는 문은 밤이 되어야 기이하나니

납승의 청량한 이 맛

아는 사람 아마 적겠지

人間冬至節

天上月圓時

正堨開慧目

最好露全機

無句當陽可

有門待夜奇

衲僧淸意味

料得少人知

－《무경실중어록(無竟室中語錄)》

송나라의 철인 소옹(邵雍)의 〈청야음(淸夜吟)〉에 "달이 하늘 한가운데 다다른 자리/ 바람이 수면으로 불어올 때/ 한결같이 청아한 이 맛/ 아는 사람 아마도 적겠지[月到天心處 風來水面時 一般淸意味 料得少人知]"라고 하였다.

꼭 동짓날 밤일 필요는 없다. 한겨울 보름달이 뜨는 날이면 소옹이나 무경자수 스님이 되어보는 것이 좋겠다.

천상에는 보름달이 뜬 때
진정 지혜의 눈을 뜰 만하고
완전히 기틀을 드러내기에 제일 좋구나

천상에 보름달이 환하게 떴으니, 수행하는 마음은 진정 지혜의 눈을 뜰 만하구나! 하고 감사하는 마음으로 화두를 들어야겠다. 어떤 화두를 들까? 무경자수 스님이 멋지게 제시해주셨다. "없다는 구절은 마땅히 낮이 되어야 옳고/ 있다는 문은 밤이 되어야 기이하나니", 이 뭣고?

정말이지 어렵다. 없다는 구절이 왜 낮이 되어야 할까? 있다는 문(門)은 왜 밤이 되어야 기이할까? 아, 그렇구나! 어설픈 깨달음을 얻는다. 낮에는 온갖 것이 다 보이지만, 그것은 기실 영원하지 않은 것이요 실체가 없는 것이며, 밤에는 깜깜하여 아무것도 보이지 않지만 아무것도 없는 것이 아니다! 이 뭣고? 물론 정답이 아니다! 이 뭣고?

선정에 들 때까지…….

이 뭣고?

산속의 맛

山中味

득통기화(得通己和, 1376~1433)

산 깊고 골짜기 깊어 찾아오는 사람 없어

하루 종일 적막하게 세상의 인연을 끊었네

낮에는 한가로이 토굴에서 구름 나오는 것 바라보고

밤이 되면 그저 하늘에 달 떠오는 것 구경하네

화로 곁에는 차 끓이는 연기와 내음 풍기고

집안 곳곳에서 오래된 책들은 침묵을 지키듯

세상의 시끄럽고 어지러운 일일랑 꿈도 꾸지 않으며

참선의 즐거움만 품은 채 앉아 또 한 해를 보내네

山深谷密無人到

盡日寥寥絶世緣

晝則閑看雲出岫

夜來空見月當天

爐間馥郁茶烟氣

堂上氤氳玉篆煙

不夢人間喧擾事

但將禪悅坐經年

-《함허당득통화상어록(涵盧堂得通和尙語錄)》

이런 태도에 대해 우리 불교가 무던히도 비판받아왔다. 산 깊고 물 깊은 곳에서 청빈하게 살아가면서 세상일에는 도통 관심 밖인 것, 우리 선불교가 미덕으로 삼았던 태도이다. 함허득통 같은 대선사가 이런 시를 쓰셨을 때에는 그만큼 공감대가 형성되었기 때문이 아니겠는가.

당연히 이런 태도가 옳다고 단정지을 수는 없다. 그러나 인생의 한때, 집중적으로 수행할 시기에는 적막하게 살아보는 것도 괜찮을 것 같다. 하루 종일 찾아오는 사람 없어 낮에는 하늘의 구름과 대화하고, 밤에는 하늘의 달과 대화한다. 구름도 달도 없을 때에는 그저 침묵을 지키면 된다. 구름과 달이 없어도 심심하지는 않다. 함허 선사는 억불정책에 대한 항의의 표시로 《현정론(顯正論)》이나 《유석질의론(儒釋質疑論)》 같은 저서를 내기도 했다.

조선 초기 세상은 끝내 함허득통 선사의 정중한 웅변을 거부했다. 그렇다고 어찌 좌절만 하고 있으랴. 세상의 시끄럽고 어지러운 일은 보지도 듣지도 않기 위해 그는 깊은 산중에서 참선의 즐거움만 품은 채 많은 시간을 보냈다. 어쩌면 그것은 시절인연을 기다리는 태도였으리라. 그때 함허 선사의 제자 혜각존자(慧覺尊者) 신미(信眉)가 세종대왕을 도와 눈부신 활약을 펼쳤다.

마을을 떠나 산으로 돌아오며

出州廻山

백운경한(白雲景閑, 1299~1374)

갈 때는 계곡을 흐르는 물이 전송하더니

올 때는 골짜기 가득 흰 구름이 맞아주네

이 한 몸 가고 옴에 무슨 뜻 있겠는가만

무정한 두 물건이 도리어 뜻이 있네

흐르는 물은 산을 나가도 산을 그리워하지 않고

흰 구름은 골짜기로 돌아와도 또한 무심하다네

이 한 몸 오고 감도 구름이나 물과 같아서

몸은 다시 와도 눈[眼]은 처음 그대로라네

去時一溪流水送

來時滿谷白雲迎

一身去來本無意

二物無情却有情

流水出山無戀志

白雲歸洞亦無心

一身去來如雲水

身是重行眼是初

–《백운화상어록(白雲和尙語錄)》

북한산 중흥사에 기거할 때는 될 수 있으면 마을에 내려오지 않았다. 내려왔다 올라가는 것이 힘들어서이기도 하고, 도시에 내려오면 마음이 번거로워지기 때문이었다. 그런데도 산에서 내려오는 길은 언제나 즐거웠다. 산길 옆에는 계곡이 함께하게 마련이므로 얼음이 녹을 때쯤부터 물소리도 함께 산을 나선다.

갈 때는 계곡을 흐르는 물이 전송하더니
올 때는 골짜기 가득 흰 구름이 맞아주네

얼마나 흐뭇한 풍경인가? 계곡물과 내가 앞서거니 뒤서거니 하면서 내려가다 보면 어느덧 북한동 역사관이다. 도시에 일이 있을 때는 거기서 차를 탄다. 그러나 거기서 나는 다시 다른 길을 통해 산으로 돌아가곤 했다.

백운 선사는 "이 한 몸 오고 감에 무슨 뜻 있겠는가만", 계곡물과 흰 구름이 오히려 잘 다녀오세요, 수고했구려 하고 인사하는 듯하다고 말한다. 아니다. 백운 선사는 바로 말을 바꾼다. 흐르는 물은 산을 나가도 산을 그리워하지 않고, 흰 구름은 내가 골짜기로 돌아와도 그저 무심하다.
계곡물은 내가 산을 내려올 때나 올라갈 때나 무심하게 흐르고,

흰 구름은 내가 산을 떠날 때나 산으로 돌아올 때나 관심이 없다.

"몸은 다시 와도 눈[眼]은 처음 그대로라네."[身是重行眼是初]

자연은 천변만화(千變萬化)하지만, 선사는 산을 오르내리며 한결같은 산의 표정, 아니 한결같은 산의 마음을 본다.

연화 도인에게 주다

贈蓮華道人

청허휴정(淸虛休靜, 1520~1604)

육신은 사대가 모인 것이요

대지는 하나의 새장이로다

산승이 지는 해를 바라보니

세계가 홀연히 텅 비었도다

根身四火聚

大地一樊籠

山僧觀落日

世界忽成空

–《청허당집(淸虛堂集)》

대지를 하나의 '새장'이라고 표현하다니, 참으로 놀라운 선승의 기개다. 다른 것은 몰라도 고승들의 공통점은 배포가 크다는 것이다.

만해 스님의 스승인 춘성 스님의 일화다. 춘성 스님은 제사 비용 1천만 원을 들고 시장으로 향했다. 그 시대에 1천만 원어치 장을 볼 필요가 있었는지 궁금하지만, 어쨌든 스님은 1천만 원을 들고 길을 나섰다. 스님은 시장으로 가던 길에 사업에 실패하고 절망하여 죽음 외에는 대책을 마련하지 못하는 사람을 만나 그 사람에게 1천만 원을 줘버렸다.

빈손으로 돌아온 춘성 스님은 지필묵을 가져와 밥, 국, 나물, 떡, 사과, 배, 감, 밤, 대추 등이라 써서 접시에 놓은 후 상 위에 올리고는 대중을 향해 말했다. "내가 장을 보러 가다가 사업에 실패하여 자살하려는 사람을 만났습니다. 그에게 시장 볼 돈을 다 주고 왔습니다. 오늘 제사를 준비할 돈으로 죽을 사람을 살리고 왔으니, 이보다 더 훌륭한 제사가 어디 있겠습니까? 죽을 사람을 살린 공덕으로 걸게 한 상 차렸으니, 이것으로 제사를 훌륭하게 마쳤습니다." 누가 이렇게 할 수 있겠는가? 배포 있는 선승이 아니고서는 흉내도 내지 못할 일이다.

선승이 볼 때 육신도 대지도 생명체를 생존하게 하면서 한편으로 생명체를 가두어놓고 있는 것이니, 육신도 대지도 일종의

'새장'이다.

그러나 배포 있는 산승에게는 육신도 감옥이 되지 못하고, 대지도 새장이 되지 못한다. 보라! 산승이 하는 일이라고는 지는 해를 바라보는 것뿐이다. 산승이 지는 해를 바라보기만 했을 뿐인데, 세상이 텅 비었다.

광명사를 유람하며

遊廣明寺

설잠(雪岑) 김시습(金時習, 1435~1493)

소나무 늙어가는 뜨락에 선의 경지 깊어

높고 낮은 전각들에 낮에도 그늘지네

노승이 시내 다리에서 송별하는데

은은한 종소리가 북림에서 나는구나

松老閑庭禪境深

高低殿閣晝陰陰

老僧相送溪橋路

隱隱鍾聲出北林

-《매월당전집불교관계시문초(梅月堂全集佛敎關係詩文抄)》

첫 연부터 마음에 깊이 들어오는 풍경이다. 소나무가 늙어가는 뜨락에 선의 경지가 깊다. 뜨락이 무슨 선의 경지일 수 있느냐고 반문할 수 있겠지만, 선의 경지가 깊은 이에게는 한없이 고요한 뜨락이 곧 자신의 선의 경지로 보인다.

광명사가 어떤 절인지 떠오르지 않아 포털에서 찾아보니 아주 많아서 어떤 광명사인지 찾지 못했다. 설잠 스님이 갔을 때는 제법 큰 절이었던 것 같다. 전각들이 어찌나 많던지 낮에도 그늘이 졌다고 하는 것을 보면 그렇다.

그때 노승이 다리 위에서 송별하는 모습이 동진의 큰스님 여산혜원(廬山慧遠, 334~416) 스님의 일화를 떠오르게 한다. 혜원 스님은 여산 동림사(東林寺)에서 주석하고 있을 때, 산문 밖을 나가지 않았다. 심지어는 손님을 보낼 때도 호계(虎溪)의 돌다리는 건너지 않았다고 한다. 어느 날 도연명(陶淵明)과 육수정(陸修靜)이 혜원 스님을 찾아왔다. 두 사람이 돌아갈 때 스님이 배웅하면서 대화에 열중한 나머지 무심코 호계(虎溪)를 건넜다. 이에 세 사람이 크게 웃었다고 한다. 스님은 도연명, 육수정과 만나는 시간이 기쁘셨나 보다.

설잠 스님은 조카의 왕위를 찬탈한 수양대군의 조정에 진출하기 싫어 과거공부를 접고 출가하였다. 출가한 후에도 한 사찰에 머물지 않고 끊임없이 떠돌았다. 따라서 어느 절에서도 자신의 위치를 확고하게 다지지 않았다. 어느 절에서나 정들 만하면 떠났다.

이제는 설잠 스님이 광명사를 떠날 때다. 설잠 스님은 노승의 배웅을 받으며 다리에서 이별한다. 그때 북쪽 숲에서 은은한 종소리가 스님을 향해 천천히 다가오는 것이 아니겠는가? 아마도 설잠 스님은 그곳을 바로 떠나지 못하고 한참 동안 종소리를 들었을 것이다.

정인 스님을 떠나보내며

別正印

허백명조(虛白明照, 1593~1661)

아침에는 미묘한 덕 개심산 마루에 노닐고

저녁에는 큰 수레바퀴가 만폭폭포 언덕으로 가노라

굳세고 간절함 깊지 못해 석장 날리며 돌아와

고개 돌려보니 석양 하늘을 견딜 길 없네

朝遊妙德開心嶺

暮徃大乘萬瀑邊

偲切未深還拂錫

不堪回首夕陽天

－《허백집(虛白集)》

옛 스님들은 도반들 만나는 것을 참으로 귀하고 감사하게 생각했던 것 같다. 도반인 정인 스님이 오니, "아침에는 미묘한 덕 개심 산 마루에 노닐고" 있었다. 저녁때 정인 스님과 만폭폭포 언덕에서 석별의 정을 나누고 나니, 허백 스님은 아쉬운 마음 금할 길 없었다.

"저녁에는 큰 수레바퀴가 만폭폭포 언덕으로 가노라."

석장 짚으며 돌아오는 길, 뒤가 허전하여 돌아보니 석양이 한없이 붉다. 차마 그 모습 볼 수 없음이여! 선사는 아직 석별을 이기지 못하는 나약함을 탄식하지만, 그만큼 도반에 대한 정이 깊었기 때문이다.

옛 선사들의 따뜻한 도반애에 내 마음도 훈훈해진다. 봄꽃이 한발 더 다가오고 있는 화사한 봄날이다.

죽마고우 이인언에게 주다

贈別李竹馬仁彦

청허휴정(淸虛休靜, 1520~1604)

십 년 만에 옛 벗을 만나니
산의 구름과 바다의 달이 다 닳았네
손잡고 시냇가에서 헤어지려니
숲에서 우는 새가 봄노래를 불러주네

十年故友初相見
說盡山雲海月情
握手臨溪還惜別
一林啼鳥送春聲

–《청허당집(淸虛堂集)》

인언(仁彦) 이종인(李宗仁, ?~1593)은 이황(李滉)의 제자로 무과에 급제해 1583년(선조 16) 군관(軍官)으로 이제신(李濟臣)의 반란을 평정하고, 후에 북방 수비에 수차례 공을 세운 무신이다. 1593년 진주성(晉州城)이 왜적에게 포위되자 김해부사(金海府使)로서 전라도관찰사 황진(黃進) 등과 함께 성을 방어하고 끝까지 용전했으나 성이 함락되자 적병을 양팔에 한 명씩 끼고 남강(南江)에 뛰어들어 순국했다.

이 시에 따르면, 인언은 서산 대사의 죽마고우였다. 인언이 임진왜란이 일어난 지 얼마 되지 않아 전사했기 때문에 이 시는 그 이전에 쓰인 것으로 보아야 한다.

서산 대사와 이인언이 10년 만에 만나니 산의 구름이 다하고 바다의 달이 없어질 정도로 정을 나눌 얘기가 한이 없었다. 아무리 반가웠어도 시간이 되어 헤어져야 했기에 두 사람은 서로 손을 잡고 석별의 정을 나누었다.

아쉬움에 쉽게 손을 놓지 못하는 마음을 시로 쓰니 바로 이 시이다. 쉽게 손을 놓지 못하고 있을 때 새 한 마리가 노래해주는데, 바로 "봄이 왔습니다"였다. 안타까운 이별의 기로에 찾아든 반가운 손님이었다.

겨울 동안 봄을 그리워하듯이, 봄이 오면 봄날에 함께했던 옛 벗을 그리워하게 된다. 그리하여 '봄'은 '그리움'의 다른 이름이다. 봄이 오면 그리운 사람을 그리워하자. 그리움이 없으면 수행도 없기 때문이다. 그리움은 인생을 아름답게 만드는 영약(靈藥)이다.

동명東明

2010년 지홍 스님을 은사로 해인사에 출가해 사미계를 받았으며, 2015년 중앙승가대를 졸업한 후 구족계를 받았다. 북한산 중흥사 총무, 중앙승가대 수행관장, 광명시 금강정사 총무, 서울 불광사 주지 등을 거쳐 현재 불광교육원장을 맡고 있으며, 대한불교조계종 교육아사리로 활동하고 있다.

1989년 계간 《문학과사회》를 통해 시인으로 등단한 후, 1994년 《세계일보》 신춘문예 문학평론 부문에 당선하여 시인이자 문학평론가로 20여 년간 활동했다. 출가 전에 《해가 지지 않는 쟁기질》, 《미리 이별을 노래하다》, 《나무 물고기》, 《고시원은 괜찮아요》, 《벼랑 위의 사랑》 등의 시집과 《인도신화기행》, 《나는 인도에서 붓다를 만났다》 등의 기행 산문집을 펴냈다. 출가 후에도 활발한 집필활동을 이어가며 《불교 기도문》, 《조용히 솔바람 소리를 듣는 것》, 《가만히 마음을 쓰다듬는》, 《붓다의 신화》, 《매일매일 천수경》 등을 펴냈다. 1994년 제13회 김수영문학상, 2022년 제13회 대원불교 문화상을 수상했다.

너무 잘하려고 하지 말자

초판 1쇄 인쇄 2026년 3월 24일
초판 1쇄 발행 2026년 4월 1일

지은이   동명
발행인   담화

대표   남배현
본부장   모지희
편집   정소연 손소전 김옥자
디자인   정면
경영지원   허선아

펴낸곳   (주)조계종출판사
주소   서울시 종로구 삼봉로 81 두산위브파빌리온 1308호
전화   02-720-6107
전송   02-733-6708
이메일   jogyebooks@naver.com
등록   제2007-000078호(2007.04.27)
구입문의   불교전문서점 향전(www.jbbook.co.kr) 02-2031-2070

ISBN 979-11-5580-272-4 03220

· 책값은 뒤표지에 있습니다.
· 이 책의 저작권은 저자와 출판사에 있으며, 서면에 의한 사전 허락 없이 내용의 전부 또는
  일부를 무단 전재, 복제, 변형하여 사용하는 것을 금합니다.

조계종출판사 | 지혜와 자비의 눈으로 세상을 바라봅니다.